세상에서 가장 위대하신 성령의 권능

Copyright ⓒ 1997 by The Kathryn Kuhlman Foundation
Originally published in English under the title
"The Greatest Power in the world"
by Bridge-Logos Publisher
North Brunswick, NJ 08902 USA
Korean Copyright ⓒ 2002 by Grace Publisher
178-94 Sungin-dong Jonglo-gu Seoul, Korea
All rights reserved

세상에서 가장 위대하신
성령의 권능

Kathryn Kuhlman

The Greatest Power in the World

CONTENTS

서문 · 8

제 1 부 구약에서의 성령님

1. 언제나 계시는 성령님 · 13
2. 한 성령, 한 목적 · 22
3. 권능의 비결 · 28
4. 사울과 다윗의 삶에서 성령님 · 32
5. 그때나 지금이나 여전히 동일하신 성령님 · 39

CONTENTS

제 2 부 신약에서의 성령님

6. 성령님은 예수님을 계시해 주십니다 · 51
7. 성령님의 실제성 · 62
8. 삼위일체 하나님의 세 위격 · 72
9. 성령으로 충만해지기 위해 · 85
10. 성령충만의 증거 · 92
11. 우리 안에 계시는 성령님 · 108
12. 무한하신 권능 · 118
13. 중보하시는 성령님 · 124
14. 성령충만한 삶 · 132
15. 우리의 힘과 우리의 보호 · 140
16. 성령님을 통한 승리 · 150

CONTENTS

제 3 부 성령님의 인치심

17. 거듭남 · 167
18. 하나님의 원하심 · 175
19. 그리스도 안에 있는 우리의 상속 · 183
20. 성령께서 슬퍼하실 때 · 190
21. 우리의 의지를 성령의 다스리심 아래 두는 것 · 199

⊙ 여러분을 위한 나의 기도 · 205
⊙ 성령님에 관한 질문들 · 209
⊙ 기적을 필요로 하는 분들을 위해서 · 219
⊙ 독자들에게 드리는 말씀 · 222

서문

캐트린 쿨만이 라디오에서 전한 "마음에서 마음으로"는 그녀가 살아있던 당시에 많은 사람들에게 축복의 샘이 되었습니다. 그러나 그 메시지들은 그녀가 회중들 앞에서 전하고 있었을 때나, 또 라디오 방송국 스튜디오에서 마이크 앞에 앉아서 하나님의 귀중한 말씀을 전했을 때와 마찬가지로 오늘날에도 여전히 전 세계의 수많은 사람들에게 영향을 주고 있습니다.

1976년 2월 20일, 캐트린 쿨만이 주님과 함께 있기 위해 본향으로 간 이래, 캐트린 쿨만 재단에는 성령님에 관한 그녀의 메시지들에 대해 알고자 하는 헤아릴 수 없을 정도의 많은 요청이 쇄도해 들어왔습니다.

오늘날 사람들의 마음속에는 삼위 일체 하나님의 제3위이신 분을 더욱 알고, 그 권능을 자신들의 삶 가운데서 경험하고자 하는 강한 갈급함이 있기 때문에, 우리는 그녀의 메시지들을 모아 여러분과 함께 나눌 목적으로 이 책을 편집했습니다.

캐트린 쿨만은 종종 이렇게 말했습니다.
"내 인생에서 얻게 되는 어떤 결과이든, 그것은 캐트린 쿨만의 것이 아니라, 성령님의 것입니다. 그것은 자신을 양도해 드린 그릇(vessel)을 통해 성령께서 행하시는 것입니다."
"그리고 성령님은 오직 한 분만을 높이시고 영화롭게 하시는데, 그 한 분은 바로 살아계신 하나님의 아들이신 예수 그리스도입니다."

사랑하는 여러분, 만일 당신이 그리스도인이고, 하나님의 상속인, 또한 그리스도 예수와의 공동 상속인이라면, 성령으로 충만되는 그 놀라운 경험은 바로 당신을 위한 것입니다. 그것은 당신이 상속받고 있는 것들 중 일부입니다.

여러분이 이 메시지들을 읽을 때, 단지 은혜만 받을 뿐만 아니라, 도전도 받으시길 기도 드립니다. 왜냐하면, 예수 그리스도 안에 더욱 많은 것들이 있으며, 또한 하나님의 권능 안에는 여러분과 제가 상상할 수 있는 것보다 훨씬 더 많은 것들이 있기 때문입니다.

　우리가 양도해 드리는 것을 하나님께서 받으시며, 그것을 성령으로 충만케 채워 주시는 것입니다.
　만일 당신이 예수님께 완전히 자신을 굴복시키고 있지 않다면, 지금 그것을 하십시오!

　하나님께서 여러분을 축복하시길!

캐트린 쿨만 재단

제 1부 구약에서의 성령님

1. 언제나 계시는 성령님
2. 한 성령, 한 목적
3. 권능의 비결
4. 사울과 다윗의 삶에서 성령님
5. 그때나 지금이나 여전히 동일하신 성령님

1. 언제나 계시는 성령님

틀림없이 여러분도 동의하시리라 생각하지만, 그리스도인임을 고백하는 모든 교파의 수많은 사람들이 매주 주일 예배에서 송영(the Doxology)을 부를 때, 성령님을 높여 드립니다.

카톨릭 교회에서도, 개신교 교회에서도 송영으로서 노래하거나 성령님의 이름을 말하고는 있지만, 성령님에 대해 무언가를 알고 있는 사람, 혹은 성령님을 한 분의 인격적인 존재로서 믿는 사람은 극히 소수에 불과합니다.

우리는 하나님 아버지에 대해서는 알고 있다고 생각하며, 위대한 창조주로서 그분을 존중합니다.

우리는 살아계신 하나님의 아들이신 예수님을 "이 지상에 오셔서 십자가 위에서 죽으신 분"으로서 이해하고 있습니다. 많은 사람들에게 있어서 예수님은 이해하기 어려운 신비에 쌓인 존재가 아닙니다. 그렇지만 우리의 관심이 성령님께로 모아지게 되면, 우리는 실제적으로 그분에 대해 아는 것은 거의 없거나 전혀 없습니다.

그러므로, 성령님에 대한 이 시리즈의 토대를 놓는데서 여러분이 알아야 할 것이 있는데, 그것은 내가 오순절날에 대해서 말할 때, 예수님이 떠나 가시기 전에 약속하셨듯이, 말씀이 성취된 때에 관해 말하고 있는 것입니다(요 16:7). 예수님은 자신이 떠나가시는 것이 유익하다고 말씀하셨습니다. 왜냐하면 예수님은 위대하신 대제사장의 직임에 임하셔서, 하나님 아버지의 우편에 앉으시도록 되어 있었기 때문입니다.

그분은 지상에서 계속 머무르실 수는 없었습니다. 그러나 그분은 우리를 외롭고 능력없는 상태로 내버려두지 아니하시겠다고 말씀하셨습니다. 그분은 우리의 개인적인 삶 가운데 능력을 주시겠다고 약속하셨으며, 그리고 또한 성령님이라는 인격을 통하여 교회에 권능을 주시겠다고 약속하셨습니다. 삼위일체의 이 강력한 세 번째 위격이신 분은 예수님이 아버지께로 돌아가신 후에 오신다고 그분께서 말씀하셨습니다.

그리고 그때, 예수님은 위대한 대제사장으로서 새로운 직임에 임하시도록 되어 있었던 것입니다. 또 성령님은 그때까지 친히 한번도 맡으셨던 적이 없는 새로운 직임을 수행하도록 되어 있습니다.

내가 오순절날에 대해 말할 때, 성령께서 임하셨을 때

에 그 다락방에서 사람들이 가졌던 단 한가지 경험에만 관해 말하는 것이 아닙니다.

우리는 지금 오순절날의 시대에 살고 있습니다. 그리고 이러한 오순절날의 시대는 정확히 예수님께서 떠나가셨던 것처럼 성령께서 이 지상에서 떠나가시는 순간까지 계속될 것입니다. 그리고 성령께서 떠나가실 때, 거듭나서 그리스도의 몸에 들어와 있는 믿는 자들로 구성된 교회를 데리고 가실 것입니다.

우선 우리가 여기에서 논의 하려는 것은 성령님의 인격과 오순절날 이전의 그분의 사역입니다. 그것은 언제나 존재해 오셨던 성령님이라는 인격을 여러분이 더욱 잘 알게 되도록 하기 위해서입니다.

만일 여러분이 "성령님은 오순절날에 처음으로 인격자로서 존재하게 되었다."고 생각해 왔다면, 이 사실에 크게 놀라실지도 모르겠습니다.

성령님은 창조때에도 존재하고 계셨습니다. 우리는 이 사실을 창세기 1장 1-2절을 읽어보면 알게 됩니다.

"태초에 하나님이 천지를 창조하시니라 땅이 혼돈하고 공허하며 흑암이 깊음 위에 있고 하나님의 영은 수면 위에 운행하시니라"(창 1:1-2)

나는 성령께서 매우 놀라운 진리를 내 마음속에 계시

해 주셨던 순간을 결코 잊을 수 없습니다. 그것은 내가 지금까지 받았던 것 중에서 가장 위대한 계시들 중의 하나였던 것 같은 마음이 듭니다. 그때 성령께서는 나에게 창세기부터 신약성경의 마지막 책인 요한계시록까지의 성경 전체는 한 분의 인격이신, 하나님의 아들 예수님에 대한 계시라는 사실을 명백히 해주셨습니다. 성경은 하나님의 말씀이며, 그 저자는 성령님인데, 성경 전체가 예수 그리스도에 대한 계시입니다.

여러분은 틀림없이 에덴 동산에서 하와가 받았던 유혹에 관한 구절들을 잘 알고 있을 것입니다.

그것은 아담과 하와 두 사람의 죄에 관한 기록입니다. 그들은 하나님으로부터 동산에서 쫓겨나서, 생명 나무로부터 먹을 수 없게 되었으며, 그들이 타락한 상태로 영원히 살 수가 없게 되었습니다(창 3:22-24).

그렇지만 하나님은 결코 패배하시지 않습니다.

이 일로 인해 하나님은 하늘에서 회의를 소집하시고 하나님의 세 위격이신 성부, 성자, 그리고 성령께서 만나셨는데, 인간의 구원(redemption)을 위해 드려져야 할 희생에 대해 논의하기 위함이었음을 나는 믿습니다.

이들 삼위(these three)는 회의 테이블 주위로 모였습니다. 제각기 서로 다른 인격이지만 언제나 완전한 조화를 유지하고, 서로 하나로 결합되어 있었습니다.

인간의 구속을 위해 한 가지 계획이 고안된 것은 그

회의에서 였습니다.

이들 삼위는 그 대가는 결코 죄에 접한 적이 없는 순결하고 죄없는 한 사람에 의해 지불되어야 한다는 사실을 알고 계셨습니다. 그리고 예수님께서 성부쪽으로 향하셔서, 자신을 드렸는데, 성령을 통하여 인간의 구원을 위해 드려지기 위해서였던 것입니다.

성경의 유명한 구절로서, 우리는 자주 요한복음 3장 16절을 인용합니다. 그러나 사랑하는 여러분, 무엇보다도 먼저 하나님의 아들이 희생제물로서 이 땅에 오시려고 하지 않으셨다면 성부 하나님은 자신이 친히 잉태하여 태어나게 하셨던 독생자를 주실 수 없었던 것입니다.

그렇습니다. 무엇보다도 우선 예수님이 희생제물로서 자신을 드리지 않으셨다면 하나님은 인류에 대한 놀라운 사랑의 선물로서의 예수님을 주시는 것이 불가능했던 것입니다.

그 결과 예수님은 인간의 모습으로 인간의 구원을 위해 대가를 지불하기로 동의하셨습니다.

혼(soul)을 위한 속죄을 이루는 것은 피입니다(레 17:11). 그렇지만 죄없는 피, 죄가 접촉한 적이 한 번도 없는 피, 한 번도 죄를 알았던 적이 없는 분의 피만이, 그 조건을 충족시키고, 그 대가를 지불할 수 있었습니다. 이 기준을 충족시킬 수 있는 단 한 분이 계셨는데, 하나님의 완전하신 아들(God's perfect Son)이었습니다.

이들 삼위께서 협의하신 이 회의를 마음속으로 그려 보십시오. 삼위일체 하나님의 능력이신 분, 성령께서 예수님 쪽을 향하여 맹세하여 이렇게 말했음이 틀림없다고 나는 믿습니다.

"당신께서 지구에 가셔서, 잃어버린 인류를 위해 희생제물로서 당신을 드린다면, 나는 적어도 당신을 높이고 당신의 사랑과 목적을 사람들의 마음에 계시하는 것을 할 수 있습니다."라고 말입니다.

그리고 그 순간부터 성령님은 예수님을 높이고 예수님의 이름에 영광을 돌리고, 그리스도를 드러내는 그의 위대한 사역을 시작하였습니다.

성령님은 맨 처음 크리스마스의 아침, 예수님이 아기의 모습으로 오실 때까지 기다리지는 않으셨습니다. 성령께서는 즉시 사람들의 마음 속에 예수님을 계시하시기 시작했습니다.

"하나님의 영(the Spirit of God)"이라는 말이 성경에서 사용될 때, 그 말은 언제나 성령님을 가리키고 있다는 사실을 기억하십시오.

그 말은 성부 하나님을 언급하는 것이 아니며, 성자 예수 그리스도를 언급하는 것도 아닙니다. 구약성경에서든 신약성경에서든 "하나님의 영"이라는 말은 성령님을 지칭하고 있습니다.

구약성경의 예언자와 신약성경의 예언자들에게 모든

계시를 주신 분은 동일하신 성령님이셨습니다.

신약성경의 마지막 책에 기록되어 있는 모든 내용들을 요한에게 계시해주신 분은 성령님이셨습니다. 계시록을 시작하면서 요한은 **"주의 날에 내가 성령에 감동되어"**(계 1:10)라고 말하고 있습니다. 이 마지막 시대에 관하여 요한이 예언으로 받은 모든 것이 현재 우리는 그것이 문자 그대로 성취되고 있는 것을 눈 앞에서 목도하고 있습니다.

몇 세대에 걸쳐서 예언되고 몇 세대 걸쳐서 기대를 가지고 찾고 구하여 온 것이 지금은 급속하게 역사(history)가 되고 있습니다.

오늘날 우리가 갖고 있는 가장 최신의 현대적인 책은 신약성경의 마지막 책인 예수 그리스도의 계시록입니다.

이러한 모든 것들은 성령께서 구약의 선지자들에게 계시하셨던 것과 완전히 동일한 방법으로 성령의 계시에 의해 주어졌습니다.

성령께서는 그러한 계시들을 예레미야에게, 이사야에게, 그리고 모든 구약의 선지자들에게 주셨습니다.

그들이 예언했던 것은 그들 자신의 이해력에 의해 왔던 것이 아닙니다. 그러므로 그것이 구약성경에도 신약성경에도 어떤 서로 모순된 것들이 없는 이유입니다. 구약성경에서든 신약성경에서든, 동일한 인격자이신 성령님이 모든 계시를 제공하셨던 분이십니다.

이러한 귀중한 하나님의 말씀 가운데, 우리가 하나님의 것들에 관해 알아야 할 필요가 있는 모든 진리를 성령께서 계시해 주시는 것입니다. 이러한 진리에 기초하여, 사람은 죽음과 영원을 준비할 수 있는데, 성령의 영감으로 주어진 하나님의 계시에 의해서입니다.

성경 히브리서는 하나님의 말씀은 살아 있고 활력이 있어 좌우에 날이 선 어떤 검보다도 예리하여 혼과 영을 찔러 쪼개기까지 한다고 말씀합니다(히 4:12). 그리고 하나님의 말씀이, 성령에 의한 하나님의 영감으로 주어졌다면 - 분명히 그렇습니다만 - 그때 우리는 그것에 귀를 기울어야 하며, 우리는 그것을 믿어야 하며, 그리고 우리는 그것을 순종해야 합니다.

성령께서 오순절날 오셨을 때 보다도 훨씬 전에, 마가의 다락방에서 기도하던 믿는 자들에게 성령께서 자신의 모습을 드러내시기 훨씬 전에 성령께서는 활발하게 계시하시고 계셨습니다. 왜냐하면 어떤 선지자일지라도 그들의 영감과 계시는 삼위일체 하나님의 세 번째 위격이신 분으로부터 받았기 때문입니다.

자, 그러면 성령의 일반적인 사역을 제쳐두고, 구약성경 시대에 살았던 사람들에 대한 성령의 사역을 공부해 보도록 합시다.

우리가 이러한 공부를 할 때, 하나님께 있어서 이 세

상에서 가장 중요한 것은 한 사람 한 사람의 개인들이라는 사실을 기억하도록 합시다.

당신은 그분에게 중요한 존재입니다.

성령께서 누군가 개인의 생애에서 어떻게 역사하시는가를 보는 것만큼, 또 성령께서 흙으로 빚어진 그릇, 행복한 인생을 취하셔서, 그 인생에서, 또 그 인생을 통하여 역사하시는 것을 보는 것만큼, 나에게 더 스릴 넘치는 것은 아무것도 없으며, 한 사람의 인생에서, 또 그 인생을 통하여 성령께서 역사해 주시는 것만큼 기쁜 것도 아무것도 없습니다.

2. 한 성령, 한 목적

무엇보다도 먼저 요셉의 생애를 간략히 살펴 보기로 하겠습니다. 애굽을 지배하고 있던 바로는 이 젊은이의 생애 안에 성령의 권능이 있음을 알아차렸습니다. 바로는 요셉의 삶에 뭔가 다른 것, 뭔가 비범한 것이 있음을 알았으며, 그리고 여러분 역시 읽어가면서 그것에 동의하시게 될 거라고 생각합니다.

태어나면서부터 요셉은 그때나, 오늘날 살고 있는 어떤 다른 사람들보다 크게 달랐다고 나는 믿지 않습니다. 그러나 신중하게 살펴보십시오. 무엇이 그를 비범하게 만들었을까요? 요셉의 생애 안에 있던 능력의 근원은 무엇이었을까요?

바로는 그것을 알아차렸으며, 창세기 41장 38절에는 이렇게 기록하고 있습니다.

"이와 같이 하나님의 영에 감동된 사람을 우리가 어찌 찾을 수 있으리요?"

'바로는 자기가 말하고 있는 요셉을 진실로 알고 있으며, 삼위일체의 세 번째 위격이신 분에 관해 정말 무언가 알고 있었던 것일까' 하고 나는 생각합니다.

그러나 내가 확신하고 있는 한 가지 사실이 있는데, 그것은 바로가 요셉의 삶 안에 지혜와 지식과 초자연적인 권능이 있다는 사실을 그는 알아차리고 있었다는 것입니다. 요셉의 삶 안에 있던 지혜와 지식과 초자연적인 권능은 어떤 인간적인 능력보다도 뛰어난 것이었습니다.

그리고 바로는 그것을 정확한 말로 표현했습니다. 그것은 요셉의 생애 안에 계신 하나님의 영이셨습니다.

그리고 출애굽기 31장에서 우리에게 가장 크게 빛을 조명해 주게 될 그외 어떤 것을 우리가 보게 될 것인데, 그것은 광야에서 성막을 세운 장인들에 관한 것입니다.

여러분이 성경을 연구해 보면, 가장 완벽한 예술 작품들 중의 하나는 광야의 성막이었음을 깨닫게 될 것이며, 또 곧 동의하시게 될 것입니다. 숙련된 기능과 기량에 관한 한, 성막은 절대적으로 완벽한 것이었습니다.

오늘날 세계의 건축가들조차도 광야에서 성막을 만드는 일에 참여했던 이 사람들의 기술과 능력에 놀라워하고 있습니다.

이 사람들에 관해 하나님의 말씀은 이렇게 진술하고 있습니다.

✟

"하나님의 영을 그(수석장인인 브살렐)에게 충만하게 하여 지혜와 총명과 지식과 여러 가지 재주로 정교한 일을 연구하여 금과 은과 놋으로 만들게 하리라 보석을 깎아 물리며 여러가지 기술로 나무를 새겨 만들게 하리라"

(출 31:3-5)

성령께서 이 사람들을 통하여 일하셨습니다.

그들은 비범한 능력을 가지고 있지 않던 평범한 사람들이었음을 나는 감히 말할 수 있습니다.

그러나 하나님은 성령님을 통하여 그들의 마음과 그들의 손을 취하셨으며, 그러자 그들은 그 기술에 있어서 절대적으로 완벽한 경지에 도달했습니다. 성막은 하나님의 계획에 따라 만들어졌으며, 그것의 설계이든, 건축의 기술면에서든, 불완전함은 조금도 있어서는 안되었습니다.

하나님께서 그 안에 거하실 수 있는 완벽한 전이 되어야 했으며, 완벽한 작업이 되어야 했습니다. 그러한 완벽함의 비결은 성령님 안에서 발견되어 집니다.

가장 명료하게 빛을 비추어 주는 다른 예가 있는데, 그것은 민수기 11장에 있습니다.

모두가 알고 있듯이, 성령께서 모세에게 임하셨습니다. 선천적으로 그는 오늘날 살고 있는 어떤 사람과도 동일한 감정을 소유한 지극히 평범한 사람이었습니다.

✝

그렇지만 그는 이스라엘의 역사상 가장 위대한 지도자들 가운데 한 사람이 되었습니다.

모세의 생애에서 권능의 비결은 무엇이었을까요? 그가 가지고 있던 위대한 지도자적 자질들의 비결은 무엇이었을까요? 그것은 바로 성령님의 권능이었습니다.

비록 그는 위대한 지도자이긴 했지만, 여전히 그는 도움이 필요했습니다. 그리고 하나님께서는 그 사실을 아셨습니다. 그러나 상담자(counselor)와 충고자(advisor)들이 같은 생각과 같은 목적을 가지고 있지 않다면 단지 방해만 될 뿐이었습니다.

그러므로, 같은 성령(모세에게 임하여 있는 성령)이 모세 주변에 있던 70인의 사람들에게도 임하여야 할 필요가 있었습니다.

그래서 하나님께서 모세에게 임하여 계신 성령을 취하셔서(took), 그들 위에도 임하게 하셨습니다.

그 결과 이들 70인의 사람들은 같은 목적을 가지게 되었고, 하나님 안에서 한 마음과 한 성령을 소유하게 되었으며, 이스라엘의 국가를 감독하는 책임에서 상담자(counselor), 그리고 돕는자(assistant)들과 충고자(advisor)들이 되도록 역할분담이 되었던 것입니다.

성령으로 충만한 사람이 성령충만하지 않는 누군가와 완전한 조화를 유지하며 한 가지 목적을 위해 일하는 것은 매우 어렵습니다.

나는 주님의 일을 하는데서 날마다 함께 일하기가 불가능한 사람들이 있음을 줄곧 보아왔습니다. 그들이 비록 거듭난 그리스도인일지라도 나에게는 전혀 어떤 도움도 되지 않을 것입니다.

여러분도 아시다시피, 성령께서 누군가의 삶을 양도해 받으시고, 그 사람의 지성, 그 사람의 몸을 취하셔서, 그 사람을 완전히 채우시고, 그리고 그 사람에게 그리스도의 마음을 주실 때, 비로소 그 사람은 변화받게 되는 것입니다(고전 2:16).

그때 비로소 두 사람이나 세 사람의 생각이 아니고, 몇 사람의 여러 가지 생각도 아닌, 모든 생각이 하나가 되어, 일하게 되는데, 왜냐하면 그것은 그리스도의 마음이기 때문입니다(고전 1:10).

하나님께서 이 계획을 모세의 경우에 얼마나 훌륭하게 행하셨는지를 보십시오. 이스라엘 국가를 감독하는 책임이 있는 모세를 돕기 위해 70인들은 역할이 분담되었으며, 그리고 하나님께서 말씀하셨습니다.

"내가 강림하여 거기서 너와 말하고 네게 임한 영을 그들에게도 임하게 하리니 그들이 너와 함께 백성의 짐을 담당하고 너 혼자 담당하지 아니하리라"(민 11:17).

내가 분명히 알 수 있는 것은, 모세는 하나님의 영에

의해 살았고, 권능을 입었으며, 또 현명해졌다는 사실을 성경에서는 분명하게 언급하지 않고 있다는 사실입니다. 그러나 우리는 모세의 생애와 지도력에서 성령께서 임하신 명백한 결과를 볼 수 있습니다. 성경 이 부분(민 11:17)에서 하나님은 모세에게 임하여 있던 성령을 취하셔서 70인들에게도 임하게 하시겠다고 말씀하셨습니다. 그리고 하나님은 참으로 그대로 행하셨습니다.

> **"여호와께서 구름 가운데 강림하사 모세에게 말씀하시고 그에게 임한 영을 칠십 장로에게도 임하게 하시니"**
>
> (민 11:25)

모세 자신은 자기에게 주어져 있던 성령의 은사로서 사역했습니다. 그리고 모세를 돕는 자들인 칠십인 장로들도 역시 성령의 은사로서 사역했던 것입니다.

3. 권능의 비결

기드온

성경 사사기를 펴보면, 기드온이라는 사람을 발견하게 됩니다. 여러분은 기드온이 가졌던 권능의 비결을 알기 원합니까?

그 비결은 이 책의 주제와 동일한 인격이신 성령님이십니다.

사사기 6장 34절은 이렇게 말씀합니다.

"여호와의 영이 기드온에게 임하시니"

성경을 계속 읽어가면, 기드온이 전쟁을 위하여 준비를 하고, 그 전쟁에서 그와 삼백명의 사람들이 승리를 얻었음을 알게 됩니다. 그렇지만 중요한 사실은 주의 영이 그에게 임하셨기 때문에 그가 사역했다는 것입니다.

삼손

성경의 다른 곳을 펴보겠습니다. 사사기 14장 6절에 기록되어 있는 삼손에 관한 부분입니다.

"여호와의 영이 삼손에게 강하게 임하니 그가 손에 아무 것도 없이 그 사자를 염소 새끼를 찢는 것 같이 찢었으나"

삼손에 대해서는 다음과 같이도 기록되어 있습니다.

"블레셋 사람들이 그에게로 마주 나가며 소리 지를 때 여호와의 영이 삼손에게 갑자기 임하시매 그의 팔 위의 밧줄이 불탄 삼과 같이 그의 결박되었던 손에서 떨어진지라"

(삿 15:14)

내가 어린 소녀이었을 때, 삼손 이야기를 거듭거듭 반복하여 들을 수 있었던 것을 기억합니다. 그렇습니다. 나의 눈에 비친 그는 놀라운 거인이었습니다!

오늘날의 어린이들은 배트맨과 슈퍼맨에 마음이 빼앗겨 있을지도 모르지만, 내가 어렸을 때, 나의 이상은 역사상 가장 강력했던 사람인 삼손이었습니다. 나에게 그는 슈퍼맨이었습니다. 또한 주일학교에 다니는 많은 어린이들도 역시 나와 같은 마음을 가지고 있었습니다.

그러나 여러분은 중요한 사실을 알고 싶습니까?

내가 삼손이 가졌던 능력의 비결을 배운 것은 그 후 훨씬 나중이었습니다. 아이였던 나는 삼손이 강한 것은 머리카락이 길었기 때문이라고 생각하고 있었습니다. 그리고 긴 머리카락의 남자를 발견하고는 "저 사람도 삼손처럼 틀림없이 강할거야"라고 생각하곤 했습니다. 그러나 하나님의 말씀을 배우고 삼손의 힘과 강함의 비결은 머리카락에 있었던 것이 아니고, 성령님께 있었음을 알게 되었습니다.

삼손은 하나님에 의해 양육되었으며, 하나님의 영이 그에게 임하였습니다. 그것도 한번뿐 아니라, 하나님의 권능이 나타날 필요가 있을 때는 몇 번이나 하나님의 영이 임했던 사람이었습니다. 그것은 삼손 자신의 권능이 아니었으며, 또한 그의 권능이 긴 머리카락에 있었던 것도 아니었습니다. 그가 머리를 길게 하고 있었던 것은 단지 하나님께 대한 순종이었습니다. 삼손에게 임하셔서, 그에게 주어진 권능으로 위대한 역사가 가능하도록 해 주신 분은 하나님의 영이셨습니다.

타락으로 향하는 맨 첫걸음은 언제나 사람이 주님께 순종하기를 거부할 때입니다.

기억하십시오. 삼손의 생애에서, 그가 행했던 것들을 가능케 했던 능력은 성령의 권능이었습니다.

삼손이 하나님께 순종했을 때, 성령께서는 그에게 임

하셨습니다. 그러나 그가 하나님께 순종히지 않았을 때, 성령의 위대한 권능은 그에게서 거두어졌습니다.

하나님의 말씀 가운데서 가장 슬픈 곳 중의 하나를 사사기 16장 20절에서 보게 됩니다.

"삼손이 잠을 깨며 이르기를 내가 전과 같이 나가서 몸을 떨치리라 하였으나 여호와께서 이미 자기를 떠나신 줄을 깨닫지 못하였더라"

사랑하는 여러분, 그전에는 성령께서 삼손에게 임하여 몸을 진동시켰습니다. 그의 양쪽 팔 주위에 있던 칡 끊기를 불탄 삼실 끊음같이 하였던 것은 주의 영이셨습니다. 그렇지만 지금 삼손은 불순종에 빠져 있습니다. 그 결과 그는 하나님과 성령님을 슬프게 했습니다. 이전에 몸을 진동케 하였던 것은 성령의 권능이었지만, 이번은 그때와 달랐습니다.

성령께서 진동시킬 때는 놀랍고 경탄할만 합니다. 그렇지만, 여기서 삼손은 성령께서 자기에게서 떠나셨음을 알아차리지 못하고 있습니다. 이제 그는 자기 스스로를 흔들어 진동시켜야 했습니다.

하나는 성령에 의해서이고, 또 하나는 육에 의해서입니다. 성령께서 삼손에게서 떠나셨습니다. 그러자 그는 다른 평범한 사람처럼 되었습니다.

4. 사울과 다윗의 삶에서 성령님

구약시대에 성령은 소수의 선택된 사람들에게 임하였지만, 그 성령의 권능이 어떠한 결과들을 가져 왔는지를 이미 살펴보았습니다. 성령은 어떤 사람들에게는 기술적인 면에서 특별한 능력을 주시고, 또 다른 사람들에게는 그들의 혀를 사용하여 말하게 하거나, 지도하거나 인도하는 능력을 주셨습니다. 성령께서 삼손에게는 육체적인 힘을 주셨습니다. 그렇지만 모든 것은 하나님의 주권적인 행위였습니다.

오늘날 거듭난 우리는 우리가 받는 상속의 일부로서 성령의 내주하심(indwelling)이라는 약속을 주님 자신으로부터 받았습니다.

거듭난 모든 사람이 성령으로 충만해지는 것이 하나님의 계획이며, 목적입니다. 그러나 구약시대에는 그렇지 않았습니다. 모세도, 요셉도, 기드온도, 사무엘도, 그들 안에 뭔가 특별한 것이 있어서 성령으로 충만받은 것은 아니었습니다. 그들이 성령의 임재를 받을 만하 무언가를 행했던 것도 아니었습니다.

하나님께서 그들에게 그 은사(gift)를 주권적으로 주셨던 것입니다. 그들은 그 은사와는 하등의 관계도 없었으며, 그 은사를 구함으로 받을 수 있었던 것도 아니었습니다. 하나님께서 친히 그들을 선택하시고, 그들을 자신의 도구로 만드셨던 것입니다.

그리고 맨 먼저 주목해야 하는 중요한 사실은 구약에서 성령의 내주하심은 모든 믿는 자들에게 보편적으로 해당되는 것은 아니었습니다. 그러나 오순절의 시대인 오늘날은 모든 믿는 자들에게 해당되는 것입니다.

주목해야 할 두 번째 것은, 성령께서 사람들에게 임하신 것은 어떤 특별한 섬김(service)을 위해 그들에게 능력을 덧입히기 위해서였다는 사실입니다. 모세와 칠십인 장로들에게 있어서 그것은 백성들을 인도하기 위해서였습니다.

광야에서 회막을 만드는데 일하던 사람들에게 있어서는 하나님께서 거하시게 될 회막을 짓기 위해서였습니다. 그것은 하나님의 의도하심이며, 그 건축과 계획에서 완벽해야 했습니다. 그러므로 하나님께서는 이러한 일꾼(workman)들과 장인(craftsman)들에게 능력을 주시고, 하나님께서 그 안에 거하실 수 있는, 완벽한 건물을 지을 수 있도록 초자연적인 지성으로 그들을 가르쳤던 것입니다.

구약시대 성령의 사역은 하나님과의 교제를 가져오기 위한 것이 아니며, 예배나 찬양의 행위를 위한 것도 아니고, 성령께서 내주하고 계신 사람들을 하나님 아버지 혹은 성자 예수님과의 특별할 관계로 인도해 들이기 위해서도 아니었습니다.

성령이 주어진 것은 어떤 특별하고도 정해진 일을 수행하기 위해서 였습니다.

우리는 모두 사울에 대해 잘 알고 있습니다. 그는 기름부으심을 받은 이스라엘의 왕이며, 성령이 그에게 임하셨을 때는 언제나 권능이 부여되었습니다.

그러나 우리는 성경에서 이런 말씀을 읽게 됩니다.

"여호와의 영이 사울에게서 떠나고 여호와의 부리시는 악령이 그를 번뇌하게 한지라"(삼상 16:14)

여기서 언급하는 것은 성령의 권능으로 강력한 역사를 행하여 왔던 사람에 대해서입니다.

그러나, 이제 성령의 내주하시는 임재는 일시적인 것이었기 때문에, 성령은 떠나시고, 사울은 성령의 임재와 권능도 없이 남겨졌습니다.

성령님의 임재는 사울에게 영원한 것이 아니었습니

다. 성령은 그에게 단지 가끔 임하셨습니다.

그렇지만 나는 마음에 깊이 감동되어 깨달은 것이 있습니다. 그리고 그것은 내가 스스로 지금까지 말해온 것들 중 한 가지의 예외라고 믿고 있습니다. 그것은 다윗에 관한 것입니다.

나는 지금까지 '왜 다윗은 그다지도 특별하게 하나님의 마음에 합하였던 것일까?' 하고 생각해 왔습니다. 지금 내가 생각하는 것은 그 이유가 하나님이 다윗의 마음을 알고 계셨기 때문이라는 것입니다.

시편 51편은 다윗의 진실한 마음을 보여줍니다. 그는 밧세바와의 일로 자기의 죄를 회개했습니다.

그가 범한 죄는 자기가 다스리고 있던 온 나라에 알려질 수밖에 없었습니다. 그것은 백일 하에 드러났으며 부인할 수 없게 되었습니다.

성령께서 다윗과 함께 거하시기 위해 오셨습니다. 그러나 다윗은 자기와 성령과의 관계가 영속적인 관계로 지속된다고 보증되는 것은 아니라는 사실을 잘 알고 있었습니다. 다윗은 '자신의 범죄'로 인해 성령께서 자기를 떠나가시고 하나님이 삼손과 사울을 물리치셨듯이, 자신을 물리쳐 버리실지도 모른다는 사실을 잘 알고 있었습니다.

성령이 삼손에게서 거두어진 것(taken from)만큼 분명하게, 성령이 사울에게서 떠나셨던 것만큼 분명하게, 성령께서는 자기로부터도 떠나버리시게 될 가능성이 있음을 다윗은 알고 있었습니다.

그래서 다윗은 하나님의 자비에 근거하여, 자신의 죄로부터 정결케 해 주시고, 그리고 희생의 피와 정결케 되는 물로 자신의 죄를 말갛게 씻겨달라고 하나님께 구하였습니다.

오, 여러분이 만일 다윗의 마음의 신실함을 보기 원한다면, 만일 여러분이 진정한 다윗을 보기 원한다면, 시편 51편에서 그가 다음과 같이 외쳤을 때, 그것을 알 수 있을 것입니다.

"하나님이여 주의 인자를 따라 내게 은혜를 베푸시며 주의 많은 긍휼을 따라 내 죄악을 지워 주소서"(시 51:1)

과거의 한 때는 하나님께 쓰임받았지만, 자신의 죄를 인정하지 않는 남자와 여자들이 오늘날 많이 있습니다. 만일 당신이 그런 사람들 중 한 명이라면 지금 이 순간 당신이 맨 먼저 해야 할 것은 하나님 앞에서 당신의 죄와 당신의 거역을 인정하는 것입니다.

다윗은 이렇게 말했습니다.

"내가 주께만 범죄하여 주의 목전에 악을 행하였사오니 주께서 말씀하실 때에 의로우시다 하고 주께서 심판하실

✞

때에 순전하시다 하리이다 내가 죄악 중에서 출생하였음이여 어머니가 죄 중에서 나를 잉태하였나이다 보소서 주께서는 중심이 진실함을 원하시오니 내게 지혜를 은밀히 가르치시리이다 우슬초로 나를 정결하게 하소서 내가 정하리이다 나의 죄를 씻어 주소서 내가 눈보다 희리이다 내게 즐겁고 기쁜 소리를 들려 주시사 주께서 꺾으신 뼈들도 즐거워하게 하소서 주의 얼굴을 내 죄에서 돌이키시고 내 모든 죄악을 지워 주소서 하나님이여 내 속에 정한 마음을 창조하시고 내 안에 정직한 영을 새롭게 하소서"(시 51:4-10)

거기서 계속하여 자신의 죄를 회개하고 있는 사람의 마음 속 깊은 곳에서 나오는 외침이 들려옵니다.

우리는 여기에서 참된 회개의 외침을 볼 수 있습니다. 그리고 동시에 다윗이 그때까지 경험한 적이 없었던 최대의 두려움을 느낄 수 있습니다.

이 시편의 다음 부분에서 다윗은 이렇게 탄원드리고 있습니다.

"나를 주 앞에서 쫓아내지 마시며 주의 성령을 내게서 거두지 마소서"(시 51:11)

다윗은 성령이 사울에게서 떠나신 것을 알았습니다.

성령께서 삼손으로부터 거두어진 것도, 삼손이 여호와께서 자신에게서 떠난 것을 몰랐던 것도 다윗은 알고 있었습니다. 그렇게 하여 다윗은 그 동일한 놀라운 권능과 성령이 자신에게서 거두어질 것을 두려워하여 이렇게 외쳤던 것입니다.

"나를 주 앞에서 쫓아내지 마소서!"
"주의 성령을 내게서 거두지 마소서!"

다른 말로 표현하면, 다윗은 이렇게 말하고 있는 것입니다.

"내가 가지고 있는 다른 것은 무엇이든 가져가십시오. 지상에 있는 나의 소유물은 어떤 것이든 가져가십시오. 내가 가지고 있는 지상의 어떤 능력이라도 가져가십시오. 그것은 전부 가져가십시오. 그러나 제발 하나님이시여, 나를 당신의 임재로부터 버리지 말아주소서! 성령께서 떠나가시면 그때 나는 단지 육일 뿐이며, 권능이 없는 평범한 사람에 지나지 않게 됩니다!"

5. 그때나 지금이나 여전히 동일하신 성령님

구약 시대 성령의 부으심(outpouring)은 하나님의 주권적인 행위였음이 분명합니다.

반박에 대한 어떤 두려움도 없이 나는 감히 말씀드립니다. 구약의 모든 선지자들은 성령으로 자신들에게 진리가 계시되었을 때 말했습니다. 고린도전서 2장 10-11절의 말씀은 내가 하는 말을 확증해 주고 있습니다.

"오직 하나님이 성령으로 이것을(하나님이 준비해 주신 것들) 우리에게 보이셨으니 성령은 모든 것 곧 하나님의 깊은 것까지도 통달하시느니라 사람의 일을 사람의 속에 있는 영 외에 누가 알리요 이와 같이 하나님의 일도 하나님의 영 외에는 아무도 알지 못하느니라"

모든 계시는 성령에 의해 주어집니다. 그리고 사람이

그 계시에 대한 지식을 받을 때 그것도 또한 동일한 위격이시며 강력하신 성령에 의해 주어지게 됩니다. 경건하고 훌륭한 중년의 어머니로서 하나님의 성도이신 분이 한 명 있습니다. 그녀는 거의 무학임에도 불구하고 나를 놀라게 하는 일이 종종 있습니다.

그녀는 무학인데도, 성경과 영적인 것들에 대해서는 학위를 가지고 있는 어떤 사람보다도 많은 것을 알 수 있었습니다.

많은 것을 알므로 존경받고 귀하게 여김받는 사람이 있을 수 있긴 하지만, 그 사람에게 성경은 전혀 현실의 진리가 되지 못하고, 하나님의 말씀이 실제로는 전혀 이해되지 못하는 경우가 있습니다.

왜 경건한 어머니가 성경학자보다도 성경에 대해 더 많은 것들을 알 수 있을까요? 그 이유는 성경이 영적인 책이므로, 성경은 성령에 의해 영적으로 계시되지 않으면 안되기 때문이며, 더구나 성령께서 성경에 영감을 주셨기 때문입니다.

교육은 놀라운 것입니다. 제가 교육을 깎아내린다고 제발 말하지 말아주십시오. 제가 말씀 드리는 것은 이런 것입니다. 즉, 성경은 법률이나 의학같이 이 세상의 어떤 다른 가르침과도 다르다는 사실입니다.

성령님은 영감을 주시는 분입니다. 성경 말씀은 성령에 의해 주어졌습니다. 하나님의 말씀이 사람들의 마음에 계시되는 것은 성령을 통하여서만 가능합니다. 그리고 그것은 학교에 다님으로 습득할 수 있는 것이 아닙니다. 여러분은 무릎을 꿇고 앉아서 기도하여 성령을 받습니다. 그리고 성령의 계시는 성령님으로부터 직접 오는 것입니다.

여기에 한권의 책인 성경이 있습니다. 성경은 이 세상 장래에 일어나게 될 일들을 미리 기록해 놓았습니다. 성경은 세상 여러나라에서 무엇이 현실로 일어나려고 하는가를 예언하고 있습니다. 여기에 있는 이 책은 참으로 인류의 장래를 말하고 있습니다. 어리석은 사람은 하나님의 말씀과 논쟁하려고 합니다. 왜냐하면, 지금 이때까지 일어나야 할 것으로 예언되어진 것들 중 어느 것 하나 성취되지 않는 것은 없기 때문입니다.

구약성경을 읽어보십시오. 하나님의 아들 예수 그리스도의 생애에서 수많은 예언이 성취되었습니다. 그러나 구약 성경의 선지들은 예수님을 본 적은 없었습니다.

그들은 단지 예언과 예언을 주시는 성령에 의해 움직여졌습니다. 신약성경 사도행전 1장 16절에서 진리의 계시는 성령님의 인격(the person of the Holy Spirit) 안에서 발견되어짐을 보게 됩니다. 제자들은 마가의 다락방에 모였습니다. 그리고 베드로가 말했습니다.

"형제들아 성령이 다윗의 입을 통하여 예수 잡는 자들의

✝

길잡이가 된 유다를 가리켜 미리 말씀하신 성경이 응하였으니 마땅하도다"(행 1:16)

여기서 베드로는 유다가 예수님을 배반할 것에 관한 시편 41편 9절을 언급하고 있습니다.

"내가 신뢰하여 내 떡을 나눠 먹던 나의 가까운 친구도 나를 대적하여 그의 발꿈치를 들었나이다"

만일 당신이 성경이야말로 가장 초자연적인 책으로 생각하고 있지 않다면, 만일 당신이 성경이야말로 모든 책들 중에서 가장 현대적인 책으로서 인정하고 있지 않다면, 나의 친구여, 당신은 잘못된 생각을 하고 있는 것입니다.

당신의 성경책에 쌓여 있는 먼지를 털어 내십시오. 그리고 그것을 읽기 시작하십시오. 그것은 마치 다이너마이트같은 능력이 있습니다. 하나님은 자신이 하신 말씀을 일점일획(一点一劃)까지도 지키시는 분입니다.

다시 한 번 여러분에게 상기시켜 드리겠습니다. 만일 내가 여러분에게 가르치는 것과 성경 말씀이 서로 일치하지 않는다면 성경이 옳은 것입니다.

여러분은 성경에 여러분의 생명을 걸 수 있습니다.

결코 성경과 논쟁하려 들지 마십시오. 성경은 초자연

적인 책이며, 초자연적으로 영감된 책입니다.

만일 누군가가 하나님의 말씀에는 모순이 있다고 말한다면, 그 사람은 틀린 말을 하고 있는 것입니다.

구약성경 안에 있는 것에 관해 언급하는 신약성경의 말씀 가운데 모순은 전혀 없으며, 신약성경 안에 있는 것에 관해서 언급하는 구약성경의 말씀 가운데도 모순은 전혀 없습니다. 신약성경도 구약성경도 성령의 동일한 영감 아래서 기록되었으며, 성령님은 스스로 모순이 없으신 분입니다. 놀라운 말씀이 있는데, 베드로의 말을 인용하겠습니다.

"먼저 알 것은 성경의 모든 예언은 사사로이 풀 것이 아니니 예언은 언제든지 사람의 뜻으로 낸 것이 아니요 오직 성령의 감동하심을 받은 사람들이 하나님께 받아 말한 것임이니라"(벧후 1:20-21)

이 말씀의 의미는 무엇일까요?

예언은 그것을 기록한 사람의 생각에서 시작된 것이 아니란 것입니다. 기록한 사람은 속기사처럼 그의 그릇, 그의 몸, 그의 육을 제공해 드린 것에 지나지 않습니다. 오늘날도 성령께서는 항복한 그릇(yielded vessel)을 찾고 계십니다. 그리고, 항복한 그릇의 비어있음을 통하여 성령의 권능은 역사하시는 것입니다.

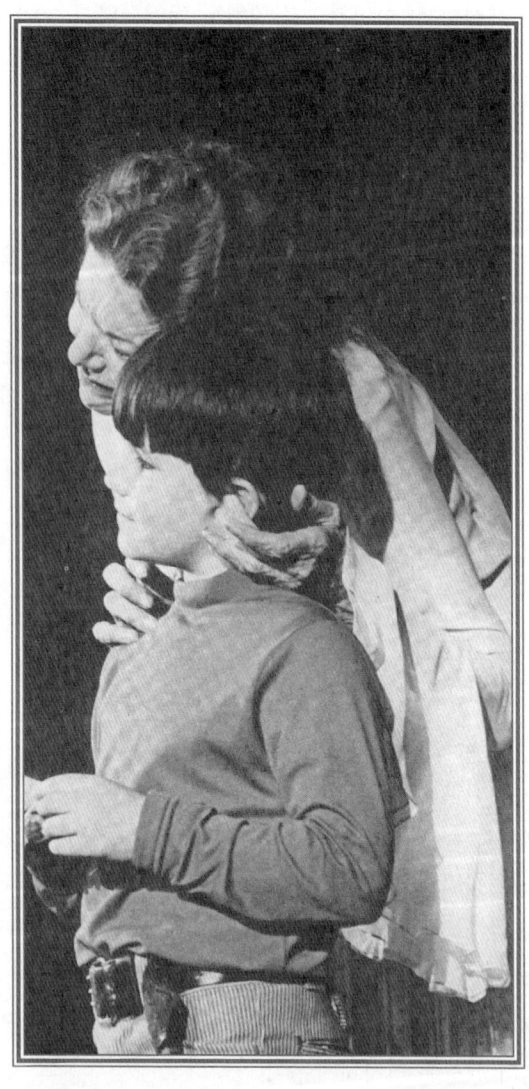

세인트 루이스의 Kiel 강당에서의 기적의 집회
1975년 4월

Geneva를 안고 있는 죠 쿨만 부인과 언니 Myrtle(뒷쪽), 그리고 Kathryn

Brady's Run Park에서의 침례식
1958년

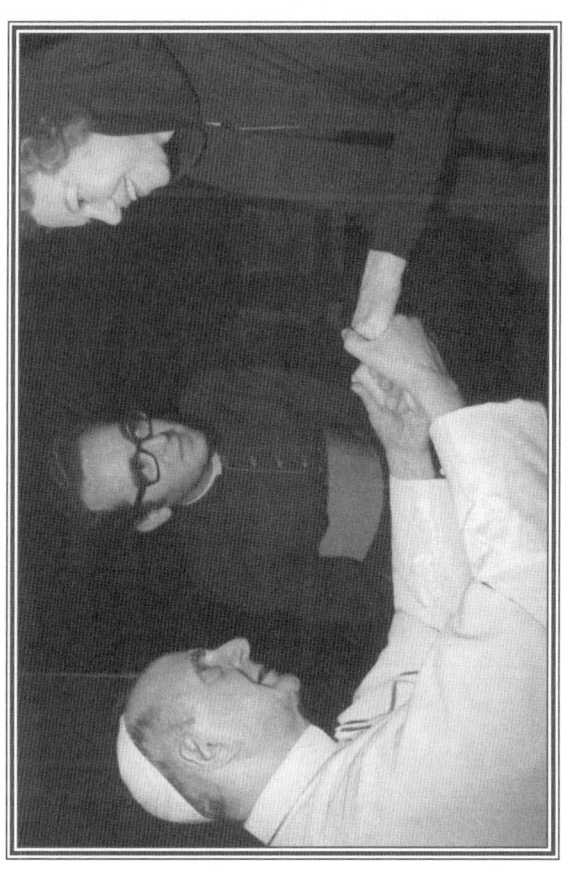

Paul 교황과의 개인적인 만남.
1972년 10월 11일

제 2 부 신약에서의 성령님

6. 성령님은 예수님을 계시해 주십니다
7. 성령님의 실제성
8. 삼위일체 하나님의 세 위격
9. 성령으로 충만해지기 위해
10. 성령충만의 증거
11. 우리 안에 계시는 성령님
12. 무한하신 권능
13. 중보하시는 성령님
14. 성령충만한 삶
15. 우리의 힘과 우리의 보호
16. 성령님을 통한 승리

6. 성령님은 예수님을 계시해 주십니다

구약성경과 신약성경을 별개(別個)의 두 책이 아닙니다. 그 둘은 하나의 책이며, 어느 한쪽이 없이 다른 한쪽을 충분히 이해할 수 있는 사람은 아무도 없습니다.

다음에 서술하는 것은 여러분이 지금까지 한번도 곰곰히 생각해 본 적이 없는 것일지도 모릅니다만, 매우 중요한 것입니다. 그것은 바로 성경의 저자는 단 한분이라는 사실입니다. 나는 약 40명의 사람들이 성령의 도구로써 쓰임을 받아 성경의 많은 책을 기록했음을 잘 알고 있습니다.

그런 사람들을 어떻게 불러야 할지 나는 잘 모르지만, 어떤 말을 사용하더라도, 최종적으로 성령님이야말로 하나님 말씀의 저자이심을 우리는 알고 있습니다. 그러므로 구약성경과 신약성경에는 전혀 모순이 없습니다.

✝

성령님이야말로 하나님의 말씀의 유일하신 저자이셨으며, 또한 지금도 그렇습니다. 왜냐하면 성경이 분명히 이렇게 말씀하고 있기 때문입니다.

"예언은 언제든지 사람의 뜻으로 낸 것이 아니요 오직 성령의 감동하심을 받은 사람들이 하나님께 받아 말한 것임이라"(벧후 1:21)

사도 바울은 결코 다윗을 만났을 리가 없습니다. 왜냐하면 그들은 서로 다른 시대에 살았기 때문입니다.

바울은 예레미야나 이사야 시대에 살았던 것도 아닙니다. 그런데도 이런 모든 사람이 기록한 것과 그들이 말한 것은 완전한 조화를 이루며, 서로 일치하고 있습니다. 왜 그럴까요? 그것은 이들 한 사람 한 사람을 통하여 동일하신 성령께서 역사하셨기 때문입니다.

저와 함께 생각해 봅시다.

유월절이 제정된 것은 하나님이 이스라엘 백성을 애굽에서 나오게 하신 날 밤이었습니다. 하나님이 열 번째 재앙을 내린 결과, 바로의 손아귀에서 이스라엘 백성들을 구출해내고 애굽사람들의 속박으로부터 그들을 해방하셨습니다. 이스라엘 사람들은 죽음의 천사에 대한 표시의 수단으로서 문 인방과 좌우 설주에 희생 양의 피를 바르도록 명령받았습니다.

문 인방의 위와 주변에 흠없는 어린양의 피로 덮여져 있는 것을 죽음의 천사가 보면, 그 죽음의 천사가 그 집을 "넘어간다(pass over)"는 표시가 되어, 사망이 그 집을 치지 못한다고 하나님은 약속하셨습니다.

그리고 그 이후로 하나님의 위대한 구원과 하나님의 보호하심의 기념으로 매년마다 유월절을 지켜 왔습니다.

이제 신약성경으로 가봅시다. 고린도전서에서 우리의 유월절이신 어린 양, 우리를 위해 희생제물이 되신 그리스도에 대해, 바울이 언급하고 있습니다.

레위기를 신약성경과 함께 놓고 보면 옛 언약에서 일어났던 것은 새언약에서 한 가지 사건을 예기(anticipation)하였음을 알 수 있습니다.

하나님의 아들로서, 주 예수 그리스도께서 피를 흘리신 것은 우리가 그 피의 덮으심(covering) 아래로 오도록 하기 위해서이며, 그분께서 우리 위에 임하셔서, 우리를 자신의 것으로서 보호하시기 위해서였습니다.

예수님은 세상 죄를 지고 가신 하나님의 어린 양입니다. 그리고 애굽에서 유월절에 흠도 없고, 티도 없는 어린 양의 피를 뿌리는 것에서, 장차 오시게 될 분, 즉 살아계신 하나님의 아들의 모형과 그림자를 보게 됩니다.

그리고 그리스도인인 우리는 성찬식에서 부서진 떡과 포도주를 대할 때마다 유월절을 기념하게 됩니다.

자, 그러면 좀 더 들어가서 무교절을 봅시다.

무교절은 매우 신성한 절기로 유월절 뒤에 있습니다. 지금도 여전히 정통파 유대인들에 의해 지켜지고 있습니다. 유월절을 지키고, 유월절 어린양의 제사를 드린 사람들은 그들의 집에서 전혀 누룩을 넣지 않고 7일 동안을 관찰하게 되어 있었습니다.

누룩은 불결함의 상징입니다. 다시 신약성경으로 돌아가 바울이 고린도 교회에 대하여 쓰고 있는 것을 봅시다.

신자들은 묵은 누룩을 내버리라는 권면을 받습니다(고전 5:7). 이것은 무슨 의미일까요?

거듭난 사람은 어린 양의 피로 정결함을 받았으며, 그러므로 그리스도 안에서 새로운 피조물이 되어 있습니다. 그리스도의 피는 혼(soul)을 위한 속죄를 행할 뿐만 아니라, 그 피는 또한 정결케 하는 피입니다. 바울은 묵은 누룩을 내어 버리라고 말했습니다. 그리고 우리는 거듭나서 그리스도 안에 있는 새로운 피조물이 되었으므로, 새로운 종류의 생명을 가지게 되었습니다.

"이전 것은 지나갔으니 보라 새 것이 되었도다"(고후 5:17)

이제는 그리스도와 교제가 있고, 그분과 함께 하는 거

룩한 행보(walk)가 있습니다.

구약성경에 기록되어 있는 세 번째 절기는 초실절입니다. 이스라엘 백성은 수확한 곡물의 첫 이삭 한 단을 제사장에게로 가지고 가는데, 제사장은 그들을 위하여 주 앞에서 열납되도록 그것을 흔들어야 했습니다(레 23:10-14).

신약성경에서 이 절기는 부활의 모형입니다.

먼저는 그리스도의 부활, 다음에는 그리스도 강림하실 때 그에게 속한 자들의 부활에 대한 모형인 것입니다 (고전15:23).

고린도전서 15장 전체를 읽어 보십시오. 지금 말씀드리는 것과 관련하여 특별히 이 23절을 잘 읽어 보십시오.

그리스도는 수확에서 그를 따르는 사람들의 첫 열매입니다. 그분의 부활 때문에, 그리고 그분이 살아 계시기 때문에 우리 또한 살게 될 것입니다. 우리 몸의 부활에 관해서 우리는 어떤 두려움이나 걱정도 가질 필요가 없습니다. 우리는 죽음의 두려움을 전혀 가질 필요가 없는데, 왜 그렇습니까?

그분이 첫 열매이기 때문입니다. 그분이 우리 앞서 가셨기 때문입니다. 무덤은 그분의 몸을 붙잡아 둘 수가 없었습니다. 그분은 살아 계십니다. 그분은 지금 하나님 아버지 우편에 계십니다. 그분은 첫 열매이시며, 그리고 어느 날 우리는 그분처럼 될 것입니다.

여러분은 하나님이 이러한 절기를 미리 준비하신 계획에 따라 제정하셨음을 깨닫게 되었을 것입니다.

우리의 유월절이신 그리스도는 피로서 구속하시고 구원받은 사람들을 새로운 종류의 삶으로 인도하십니다.

흔드는 단(wave sheaf)이신 그리스도는 그분의 부활에 의해 하나님께로 옮겨진 수확의 첫 열매입니다. 이렇게 하여 구약성경에서 이 두 절기에서 대표되는 것으로서 십자가에 달리신 그리스도와 부활하신 그리스도를 볼 수 있습니다.

오순절은 초실절로부터 50일 후입니다. 모세는 이렇게 명했습니다.

"일곱 안식일 이튿날까지 합하여 오십 일을 계수하여 새 소제를 여호와께 드리되 너희의 처소에서 십분의 이 에바로 만든 떡 두 개를 가져다가 흔들지니"(레 23:16-17)

이스라엘 백성은 첫 열매의 수확을 이미 마쳤지만, 그 수확한 곡식(밀)을 가져와 그것을 고운 가루로 만들어, 그 가루로 떡을 만들어서 하나님께 드리는 것으로 되어 있었습니다. 두번째 추수감사 예배 때의 제물(offering)은 곡식단이 아니라, 연합되고 하나되어, 덩어리된 떡이 없느데, 그것을 하나님께 드렸습니다.

자, 새로운 것을 보십시오. 예수님은 우리를 위해 희생제물이 되신 우리의 유월절 어린 양입니다. 그분 안에는 새로운 생명, 즉 누룩없는 생명이 있습니다. 우리가 거듭날 때, 우리는 그분의 부활에 의해 그분께 속한 것이 되기 때문에 그분은 우리에게 자신의 부활과 같은 부활을 약속하셨습니다. 그때 우리는 부활한 몸 안에서 그분처럼 될 것입니다. 우리는 얼굴과 얼굴을 맞대고 그분을 뵈옵게 될 것입니다.

조심하십시오. 우리가 이 오순절에 이를 때 우리는 성령의 영역 안으로 들어가는 것입니다. 왜냐하면 성령께서는 이 백성을 연결시키고(unite) 교회를 하나님께 드리는 대리자(agent)인데, 완전하고 연합된 교회를 드리는 대리자이시기 때문입니다. 이것이야말로 진실로 오늘날 성령께서 행하시고 계신 일입니다.

오늘날 우리는 더 이상 개별적인 단(individual sheaves)들이 아니고, 한 덩어리의 떡이 되었습니다. 즉, 그분의 교회가 되었습니다. 우리의 죄를 용서해 주시는 분으로서 그리스도를 영접해 들일 때, 우리는 태어나서 교회라고 불리우는 이 몸 안으로 들어가게 됩니다. 우리가 유대인이든 아니든, 우리가 카톨릭이든 개신교이든 그런 것은 전혀 관계가 없습니다. 우리가 어느 교회에 소속되어 있든, 우리의 국적이 어디이든, 그것은 전혀 관계가 없습니다. 차이점을 만들어내는 것은 바로 이 경험인데, 그것은 바로 거듭남의 경험입니다. 자신의 죄가 용서되기 위해 살아계신 하나님의 아들을 영접했다는 사실 한 가지 뿐입니다. 혼을 위한 구속을 이루는 것은 피입니다. 어떤 피도 안되고 오직 그리스도의 피여야 합니다. 왜냐하면 그분의 절대적인 완전성, 한 번도 그분의 몸에 죄가 접촉한 적이 없기 때문입니다. 그분의 피야말로 유일하신 정결한 피이며, 살아계신 하나님 아들의 피입니다.

성령께서는 우리가 살고 있는 이 시대에서 어떤 특별한 일(work)을 가지고 계십니다. 즉, 그리스도의 몸이신 그리스도의 교회를 형성하는 일입니다. 오순절날 성령께서는 이 지상을 거하실 곳으로 하시고, 이 교회가 완성되기까지 여기에 머물러 계십니다. 성령께서 현재 행하시는 강력한 역사를 보십시오!

여러분은 제가 말씀드린 것을 기억하시게 될 것입니다.

예수님은 인류의 희생제물로서 드려지기 위해 성령을 통하여 자신을 드리시고, 성령은 그리스도의 대리인이 되실 것을 약속하셨습니다. 성령께서는 예수님을 높이실 것을 서약(vow)하셨습니다. 그러므로 예수님은 지상에 계셨을 때, 곧 오시게 될 성령님에 대해 말씀하셨던 것입니다.

✝

요한복음 16장에서 예수님은 다음과 같이 말씀하셨습니다.

"지금 내가 나를 보내신 이에게로 가는데"(요 16:5)

예수님은 지금 누구에 대해 말씀하시는 것일까요? 자신을 이 땅에 보내셨던 하나님 아버지에 대해서입니다. 예수님은 계속해서 말씀하십니다.

"그러나 내가 너희에게 실상을 말하노니 내가 떠나가는 것이 너희에게 유익이라"(요 16:7)

여기서 예수님이 제자들에게 자신이 떠나가시는 것이 왜 필요한지를 설명하십니다. 그것은, 예수님께서 아버지의 완전하신 계획을 충족시킬 수 있도록 하시기 위해서입니다. 예수님이 아버지께로 가시고, 위대한 대제사장으로서 직임에 임해야 할 때가 임박해 있었습니다. 그렇지만 예수님은 제자들을 홀로 남겨두고 떠나시지 않겠다고 약속하셨습니다. 성령께서 오셔서 매우 중요한 사역을 수행하도록 되어 있었던 것입니다. 즉, 유월절 오십일 후인 오순절로 대표되는 "한 덩어리의 떡"을 형성하는 것이었습니다.

✝

"그러나 내가 너희에게 실상을 말하노니 내가 떠나가는 것이 너희에게 유익이라 내가 떠나가지 아니하면 보혜사가 너희에게로 오시지 아니할 것이요 가면 내가 그를 너희에게로 보내리니 그가 와서 죄에 대하여, 의에 대하여, 심판에 대하여 세상을 책망하시리라 죄에 대하여라 함은 그들이 나를 믿지 아니함이요 의에 대하여라 함은 내가 아버지께로 가니 너희가 다시 나를 보지 못함이요 심판에 대하여라 함은 이 세상 임금이 심판을 받았음이라 내가 아직도 너희에게 이를 것이 많으나 지금은 너희가 감당하지 못하리라"(요 16:7-12)

예수님이 제자들에게 말씀하신 것을 제자들이 완전히 이해하지 못한다는 사실을 예수님은 알고 계셨습니다. 그렇지만 곧 성령께서 오셔서 이 지상에서 그들과 함께 계시며 그 역할을 수행하시게 될 것도 아셨습니다.

"그러나 진리의 성령이 오시면 그가 너희를 모든 진리 가운데로 인도하시니니 그가 스스로 말하지 않고 오직 들은 것을 말하며 장래 일을 너희에게 알리시리라 그가 내 영광을 나타내리니 내 것을 가지고 너희에게 알리시겠음이라"(요 16:13-14)

내가 앞에서 여러분께 무엇을 말했습니까?

✝

성령님은 언제나 예수님께 영광을 돌리고, 언제나 예수님을 높이신다고 말씀드렸습니다.

성령님은 예수님의 대리자이십니다. 성경 전체를 통하여 성령께서는 예수님에 관해 말씀하시며, 또 예수님을 계시해 주십니다.

"그가 내 영광을 나타내리니 내 것을 가지고 너희에게 알리시겠음이라 무릇 아버지께 있는 것은 다 내 것이라 그러므로 내가 말하기를 그가 내 것을 가지고 너희에게 알리시리라 하였노라"(요 16:14-15)

이렇게 분명히 볼 수 있듯이, 구약에서든 신약에서든 예수님을 모르고서 성령님을 아는 것은 누구도 불가능합니다.

성령님은 항상 예수 그리스도 하나님의 아들을 영화롭게 하며 또 그분을 계시해 주시기 때문입니다.

그리고 그분은 바로 지금 이 시간에도 자신의 사명을 계속하여 수행하고 계십니다.

7. 성령님의 실제성

당신이 평소 옥수수빵을 좋아하지 않을지라도, 아마 당신은 제가 가져다 주는 옥수수빵을 좋아하시게 될 것입니다. 그것은 보통의 것과는 조금 다른 것입니다. 그것은 오래된 것이며, 또한 그것은 당신에게 좋은 것입니다. 그리고 그것은 좋은 영적인 음식으로 당신의 혼을 먹일 것입니다.

그것은 바로 성령님의 실제성에 관한 것입니다.

여러분과 말씀 한 구절을 나누고 싶습니다. 그 말씀으로 인해 여러분이 크게 조명받으시길 기도드립니다.

히브리서 9장 14절 말씀입니다.

"하물며 영원하신 성령으로 말미암아 흠 없는 자기를 하나님께 드린 그리스도의 피가 어찌 너희 양심을 죽은 행실에서 깨끗하게 하고 살아 계신 하나님을 섬기게 하지 못하겠느냐"

✝

주일학교에 다닌 적이 있는 젊은이나, 그리스도인이라고 말하는 어떤 연령층의 사람이라도 요한복음 3장 16절을 모르는 사람은 거의 없습니다. 그들이 어느 정도 말씀을 알고 있든, 이 말씀만은 알고 있습니다.

"하나님이 세상을 이처럼 사랑하사 독생자를 주셨으니 이는 그를 믿는 자마다 멸망하지 않고 영생을 얻게 하려 하심이라"(요 3:16)

앞 장(章)에서 하나님이 예수님을 우리의 죄를 위한 속죄제물로서 드려지기 전에 일어나야 했던 것에 대해 생각해 보았는데, 그것을 기억하실 것입니다.

무엇보다 먼저 예수님께서 친히 자신을 드리지 않으셨다면, 하나님은 예수님을 우리에게 주실 수 없으셨습니다. 그리고 성경 히브리서는 예수님은 성령을 통해 자기를 하나님 아버지께 드렸다고 말씀하고 있습니다.

왜일까요? 예수님은 자신을 드리는데, 사람의 형상(the form of a man)을 취해야 함을 알고 계셨기 때문입니다. 예수님은 한 여인의 태에서 성령으로 잉태되시고, 이 지상에서의 삶에서 흡사 하나님이 아닌 인간처럼 될 것이었습니다. 예수님은 자신을 드렸을 때, 거기에 어떤 것이 포함되어 있는지 모든 것을 알고 계셨습니다. 그분은 언젠가 사단, 즉 악마 자신과 얼굴과 얼굴을 맞대고 직면하게 될 것을 알고 계셨습니다. 그분은 사단의 힘과 능력을 아셨으며, 사람이 타락했으므로 사람의 약함도 또한 아셨습니다.

그분은 인간의 모습으로 갈릴리 해변을 걸으실 때, 사단의 세력과 직면하게 될 것과 우리 모두가 인간으로서 직면하게 될 여러가지 유혹도 알고 계셨습니다. 또한 그분은 인간 육체의 모습에서(in the form of human flesh) 자신이 그러한 유혹들에 굴복할 가능성이 있다는 사실도 역시 아셨습니다.

여기에서 잠시 중단하기로 하겠습니다. 왜냐하면 광야에서 사단이 와서 예수 그리스도를 유혹했을 때, 예수 그리스도가 유혹에 굴복할 가능성 같은 건 없었다고 주장하는 사람들이 있기 때문입니다. 만일 예수님이 굴복할 가능성이 없었다고 한다면 그분이 받으신 시험은 연극에 지나지 않게 됩니다. 예수님은 인간의 구속을 위해 성령을 통하여 자신을 드리시기 전에 이 지상에 내려오신 것은 자신이 사단의 영토에 들어오는 것임을 충분히 알고 계셨습니다. 예수님이 인간의 모습으로 오셨을 때, 예수님은 이 지상에 대한 소유권(the title deed to this earth)도 가지지 않으셨습니다.

예수님도 사단도 그 사실을 알고 있었습니다.

그렇습니다. 예수님은 자신이 악마의 영토에 오는 것임을 잘 알고 계셨습니다. 그러나 사단의 유혹에 대적하기 위해 자신을 강하게 해주시는 놀라운 분이신 성령을 받지 않으면 안된다는 사실도 아시고 계셨습니다. 그분은 의심많은 사람들을 납득시키기 위해서는 자신의 신성(His divinity)의 증거가 있어야 함도 아셨습니다.

그분은 여러가지 기적들과 권능의 역사가 있어야 한다는 사실도 알고 계셨습니다. 그것은 사람들이 스스로의 눈으로 볼 수 있는 것입니다. 그렇지만 전혀 하나님이 아닌 인간의 존재로서 인간의 모습으로 오시는 것이므로 그분은 인간이신 자신의 능력으로 그런 것들을 행하실 수 없음도 아셨습니다.

어느 누구라도 인간으로서는 할 수 없는 것입니다. 그러므로 예수님은 성령님의 권능에 의존하지 않으면 안되었던 것입니다. 그리고 그분은 성령님을 통하여 자신을 하나님 아버지께 드렸으며, 그리고 성부 하나님은 자신의 구속의 계획을 완전케 하기 위해 예수님을 주셨던 것입니다. 저의 말을 신중히 들어 보십시오. 이 세 위격(three Persons)의 사역을 잘 보십시오.

예수님과 예수님이 성령에 대해 가지셨던 완전하고도 절대적인 믿음을 잘 보십시오. 아시다시피 우리는 자기의 믿음만 화제로 삼고 있는 것은 아닐까 하고 가끔 생각할 때가 있습니다. 실제로 그렇다고 생각합니다.

내가 알고 있는 한, 하나님의 말씀 가운데 믿음에 대한 가장 위대한 모범은 예수님 자신이 삼위일체 하나님의 다른 두 위격과의 관련에서 예증된 믿음입니다. 예수님이 마리아의 태에서 성령으로 잉태되기 전에 그분은 성부 하나님께 대한 완전한 믿음을 가지고 계셨습니다.

또 예수님은 지상에 오시기 전에, 성령님의 보호하심의 능력에도 완전한 믿음을 가지고 계셨으며, 성령께서 자신에게 충실하실 것에 대해서도 완전한 믿음을 가지고 계셨습니다.

자, 함께 하나님의 말씀을 펴 봅시다.

예수님이 우리의 구속을 위하여 드려지도록 자신을 성령을 통하여 성부 하나님께 드리신 후, 하나님의 세 위격(three persons of the Godhead) 모두가 맨 처음으로 보여지는 부분이 있습니다. 그것은 예수님이 물세례를 받으셨던 때인데, 마태복음 3장 16절에 있습니다.

"예수께서 세례를 받으시고 곧 물에서 올라오실새 하늘이 열리고 하나님의 성령이 비둘기 같이 내려 자기 위에 임하심을 보시더니"

(나는 이것이야말로 예수님이 마리아의 태에 잉태하신 이래 성령과의 인격적인 접촉을 가진 첫 번째 때라고 믿습니다. 이 이전의 기록은 아무것도 없습니다)

돌연히 뭔가가 일어났습니다. 하늘이 열렸습니다. 그리고 예수님은 하나님의 성령이 비둘기처럼 내려오셔서 자기 위에서 빛나는 것을 보셨습니다. 비둘기는 모든 새들 중에서 가장 온화하고 가장 민감합니다. 성령께서 비둘기 같은 존재로 묘사된 것이 놀랍지 않습니까?

비둘기에게는 조용함이 있고, 혼란함이 없습니다. 여기에서 세 위격이 다시 연합됩니다. 그렇지만 또 다른 일이 일어났습니다.

"하늘로부터 소리가 있어 말씀하시되 이는 내 사랑하는 아들이요 내 기뻐하는 자라 하시니라"(마 3:17)

여기에 삼위가 계십니다.

첫 번째 성부 하나님이 이렇게 말씀하십니다.

"이는 내 사랑하는 아들이요" 즉, 하나님께서 이 예수야말로 잃어버린 사람들의 구속을 위하여 성령을 통하여 성부 하나님께 자기를 드린 분이심을 확증하시고 계셨던 것입니다.

그것과 동시에 살아계신 하나님의 아들 위에 성령께서 임하셨습니다. 전혀 하나님이 아닌 것 같이 된 인간이신 예수님이 세례받은 물 위로 올라오자 성령은 섬김을 위한 능력을 예수님에게 부여하시는 것을 예수님께 확증시키고 있었습니다.

성령은 예수님이 성부 하나님을 나타내어야 하는 사역을 위해 예수님께 권능을 주시는 분이 되셨던 것입니다다.

 예수님이 지상에서 걸으셨을 때, 그분은 글자 그대로 그리고 실제로 이 땅을 걸으시는 육체 안에 계신 하나님이셨습니다.

 예수님이 육체 안에 계셨을 때, 성령님은 예수님 위에 임하시고 봉사(또는 섬김 service)를 위한 놀라운 권능을 예수님께 예비해 주시고, 그 그릇을 성령 자신과 성령의 권능으로 채워주셨습니다.

 그것 뿐일까요?

 그것으로 끝일까요? 아니오. 그렇지 않습니다. 우리는 예수님이 사람들 사이를 걸으셨던 때에 행하신 치유의 기적들을 보게 됩니다. 우리는 종종 예수님은 자신의 능력으로 그러한 기적들을 행하셨다고 생각합니다. 그러나 그러한 기적들은 예수님 자신의 능력으로 행하신 것이 아니었습니다. 사도행전 10장 38절에 이렇게 기록되어 있습니다.

"하나님이 나사렛 예수에게 성령과 능력을 기름 붓듯 하셨으매 그가 두루 다니시며 선한 일을 행하시고 마귀에게 눌린 모든 사람을 고치셨으니 이는 하나님이 함께 하셨음이라"

 누가 이런 위대한 기적들을 행하셨던 것일까요? 사람

인 누군가가 행한 것일까요?

인간은 어느 누구도 그렇게 할 수 없습니다.

그런 능력을 가진 자는 아무도 없습니다.

이 지상에서 걸으셨던 예수님은 전혀 하나님이 아니신 인간이셨지만, 만약 그분 안에 또 그분을 통하여 성령의 권능이 계시지 않았더라면 예수님은 단 한 가지의 기적도 행하실 수 없었을 것입니다. 하나님이 나사렛 예수에게 성령과 능력을 기름 붓듯 부으셨습니다.

사랑하는 여러분, 그것이야말로 예수님 사역의 비결이었습니다. 그 안에 예수님이 행하신 기적들을 일으키는 권능이 있었던 것입니다. 그것은 예수님 안에서 예수님을 통하여 역사하시는 성령의 권능이셨습니다.

그러므로 예수님은 성령에 대해 말씀하셨던 것입니다. 예수님은 자기 가까이 있는 사람들에게 이 놀라우신 분의 사역에 관해 말씀하셨습니다. 그리고 예수님께서 떠나가시기 직전, 제자들을 향하여 말씀하셨습니다. 예수님의 최후의 말씀은 그들에게 할 수 있었던 말씀으로서는 가장 중요한 말씀이었습니다.

왜 그렇습니까? 그분은 이제 떠나가려 하시고, 이 위대한 책임을 그들에게 남겨주려고 하셨던 것입니다. 예수님의 발이 감람산을 떠나기 직전 그분은 무엇을 말씀하셨습니까? 그분은 겨우 한 줌 정도의 적은 무리(that little handful)를 향해 이렇게 말씀하셨습니다.

✝

"오직 성령이 너희에게 임하시면 너희가 권능을 받고 예루살렘과 온 유대와 사마리아와 땅 끝까지 이르러 내 증인이 되리라"(행 1:8)

여러분은 권능받게 되는데, 증거하는 권능, 그분이 행하셨던 바로 그런 일들을 행하는 권능을 받게 됩니다. 왜냐하면 이 동일하고도 놀라운 인격이신 성령님께서 오시기 때문입니다.

예수님은 성령을 우리에게 보내주시고, 그분을 통하여 우리는 승리의 삶을 살게 된다고 말씀하셨습니다.

자신에게 속한 자들 중 누구든지, 어느 그리스도인이든지 패배의 삶을 사는 것은 결코 예수님의 계획이 아니었습니다.

예수님이 이 지상에서 걸으셨을 때, 그분은 패배하시지 않는 삶을 사셨습니다. 그리고 예수님은 자신의 것이었던 이 동일한 능력의 비결을 이번엔 우리의 것이 될 것을 말씀하셨습니다.

성령이 믿는 자들에게 주어진 것은 단 한 가지 목적을 위해서입니다. 즉, 증거하는 봉사를 위해서입니다.

성령이 주어진 것은 개인적으로 영적인 유희나 즐기기 위한 것이 아닙니다. 예수님은 자신의 기쁨을 위해 성령님의 권능과 인격을 사용하신 적이 한번도 없으셨습니다. 그리고 우리도 성령의 권능과 인격을 자기 자신

✝

의 기쁨을 위해서 사용해서는 안됩니다. 증거하고 섬기기 위한 권능을 위해 성령을 우리에게 보내 주셨습니다. 그리고 오늘날 우리는 그리스도의 몸의 구성원들로서 우리 것으로 되어 있는 것을 행사할 필요가 있습니다.

8. 삼위일체 하나님의 세 위격

내가 라디오에서 하나님은 몸을 가지신 인격적 존재라는 메시지를 전한 후, 여러 가지 편지를 받았던 것을 언제나 기억할 것입니다.

하나님은 한 분의 인격이시며, 몸을 가지고 계신다는 것을 내가 말씀을 제시하여 말씀으로 증명했을 때 많은 사람들이 나에게 감사의 편지를 보내 왔습니다.

많은 사람들이 하나님을 모든 능력의 본질 그 자체, 위대한 통치자, 무한한 능력의 소유자, 위대한 창조자로서 생각했습니다. 그들은 하나님을 뭔가 매우 신비스러운 존재라고 생각했지만, 몸을 가지신 한 분의 인격자라고는 결코 생각하지 않았던 것이었습니다. 그렇지만 하나님의 말씀은 그 사실을 분명히 가르치고 있고 나도 여러분에게 성경에서 '하나님은 몸을 가지고 계시다'는 사실의 증거가 되는 예를 제시하고자 합니다.

출애굽기 33장에 이런 내용이 기록되어 있습니다. 어

느 날 주님과 모세가 마음과 마음으로 통하는 대회(a heart to heart talk)를 하고 있었을 때, 주님께서 모세에게 모세는 큰 은총(favor)을 얻고 있다고 말씀하셨습니다. 그러자 모세는 이렇게 대답했습니다.

"내가 참으로 주의 목전에 은총을 입었사오면 원하건대 주의 길을 내게 보이사 내게 주를 알리시고"(출 33:13)

모세가 이런 요구를 했을 때, 하나님의 대답은 이러했습니다.

"네가 내 얼굴을 보지 못하리니 나를 보고 살 자가 없음이니라"(출 33:20)

나도 인간이기 때문에 아주 잠시 동안이라도 내 주님의 얼굴을 볼 수 있다면 나는 어떤 것이라도 참을 수 있을텐데, 정말 지극히 짧은 순간만이라도, 그분의 얼굴을 뵈올 수 있다면 얼마나 좋을까 하고 생각했던 적이 몇 번이나 있었습니다.

하나님의 영광을 생각해 보십시오!

그분의 권능과 그분의 의를 생각해 보십시오!

우리의 좁은 마음으로는 하나님의 얼굴이 어떠한지 상상도 할 수 없으며, 하나님의 영광을 충분히 이해할 수도 없습니다.

요한계시록에는 새 예루살렘성에 대해 말씀하는데, 주님의 영광이 그 성안 전체를 비추고 있기 때문에 달도 태양도 필요 없다고 분명히 기록되어 있습니다(계 21:23).

주님은 계속해서 모세에게 이렇게 말씀하셨습니다.

"네가 내 얼굴을 보지 못하리니 나를 보고 살 자가 없음이니라 여호와께서 또 이르시기를 보라 내 곁에 한 장소가 있으니 너는 그 반석 위에 서라 내 영광이 지나갈 때에 내가 너를 반석 틈에 두고 내가 지나도록 내 손으로 너를 덮었다가 손을 거두리니 네가 내 등을 볼 것이요 얼굴은 보지 못하리라"(출 33:20-23)

이제 창세기 1장 26절로 가봅시다. 하나님이 성자와 성령께 말씀하셨던 때입니다.

"우리의 형상을 따라 우리의 모양대로 우리가 사람을 만들고…"

여러분도 나도 하나님의 창조의 산물이며, 하나님의 형상으로 하나님을 닮게 만들어졌습니다. 그러므로 '하나님께는 하나의 몸이 있고, 하나님에게는 양팔이 있으며, 하나님께는 얼굴이 있다'는 것을 나는 나의 온 존재를 다해 믿습니다.

하나님은 신비적인 어떤 것도 아니며, 어딘가 알 수 없는 요소(factors)도 아닙니다. 만일 나의 믿음의 토대가 되는 것이 그것밖에 없다고 한다면, 틀림없이 나는 내 자신이 믿는 것을 위해 나의 생명을 산제물로서 드리지는 않을 것입니다.

우리는 지금까지, 하나님은 몸을 가지고 계시며 매우 분명한 인격을 가지신 분임을 보아왔습니다. 우리는 예수님이 인격이심을 압니다. 그분이 이 땅을 떠나가셨을 때, 그분은 영으로서 떠나가신 것은 아니었기 때문입니다. 그분의 몸이 하늘로 올라가셨습니다. 그분은 두 발, 두 손, 얼굴 등의 몸을 가진 모습으로 떠나가셨습니다. 그리고 그분은 떠나가실 때 보이셨던 것과 같은 모습으로 다시 돌아오십니다. 그것은 사도행전 1장 11절에 기록된 대로 주님의 사자(angel)가 말한 것입니다.

성령의 인격에 대해서입니다만, 성령도 역시 매우 분명한 인격을 가지고 계십니다.

어떤 사람들에게 이 진리는 받아들이기 어려운 것입니다. 성령은 단순히 어떤 속성(attribute)이 아니고, 어떤 커다란 영향력도 아닙니다. 그분의 사역이 우리의 이해력을 초월한 불가사의한 능력도 역시 아닙니다. 하나님의 말씀을 연구하거나 성경을 읽을 수 있는 사람이 어떻게 해서 성령의 인격을 인정할 수 없는지 나는 도저히 이해할 수 없습니다.

전날 어떤 사람이 물었습니다.

"성령에 관해 논쟁이 있는 것은 왜일까요?"

내가 해 줄 수 있는 대답은 단 한 가지인데, 그것은 이렇습니다.

"그것은 가르침이 결여되어 있기 때문이죠"

열린 마음(heart)과 열린 지성(mind)으로 삼위일체의 세 번째 위격이신 분에 관한 실제성과 진리를 찾는 사람이라면, 이렇게 명백하고 이렇게 강력하며, 그리고 이렇게 영광스러우며 눈으로 볼 수 없는 성령의 인격을 즉시 깨닫게 될 것입니다.

성령은 하나님의 자녀들 한 사람 한 사람의 삶에서 지극히 중요하신 분입니다.

하나님의 말씀 중에는 삼위일체의 이 세 번째 위격이신 분에 관해 실제로 우리의 안목을 열어주는 곳이 있는데, 예수님이 이렇게 말씀하시는 부분입니다.

"내가 아버지께 구하겠으니 그가 또 다른 보혜사를 너희에게 주사 영원토록 너희와 함께 있게 하리니"(요 14:16)

바꾸어 말하면 예수님은 이렇게 말씀하시고 있습니다.

✝

"나는 떠나간다. 지금까지 너희들은 이 지상에서 인격자(in person)로서의 나를 보아왔다. 지금까지 나는 너희들과 함께 있어서 너희들에게 많은 것들을 가르쳤다. 그렇지만 내가 떠나가는 것은 너희들에게 유익이다. 내게는 또 한 가지 수행해야 할 직임이 있고 그것은 대제사장으로서의 직임이다. 나는 너희들과 함께 이 지상에서 머물 수가 없다. 나는 떠나가야 하느니라. 그러나 너희는 두려워 할 것도 없다. 나는 너희들을 강하게 해 주시는 분, 변호자(Advocate)를 보내주시도록 아버지께 구할 것이기 때문이다. 나는 너희들을 강하게 하고 너희들을 가르치려고 노력해 왔지만, 나는 아버지께 부탁하여 또 한 분을 보내주시도록 할 것인데, 그분은 너희들을 가르쳐 주실 뿐만 아니라, 나를 너희들에게 계시하고 너희들과 교제케 해 주실 것이다. 그분은 너희를 인도하시며, 너희를 안내해 줄 것이다. 그분은 바로 성령님이시다."

이 요한복음 14장 전체를 통하여 여러분이 인칭대명사에 주의해 주셨으면 합니다. 예수님이 성령님을 언급하실 때는 언제나 성령님을 한 분의 인격자로서 언급하셨으며, 인칭대명사를 사용하셨습니다.

그리고 예수님은 이렇게 말씀하셨습니다.

✝

"그가 또 다른 보혜사를 너희에게 주사 영원토록 너희와 함께 있게 하리니"(요 14:16)

나는 이 말씀을 보고, 그러한 말씀에 대한 이해가 그때까지는 없었는데, 그 말씀들을 이해할 수 있었던 날을 결코 잊을 수 없을 것입니다.

그 말씀들은 성령에 대한 말씀들입니다. 그러므로 단순히 하루나 일년 뿐만 아니라, 단지 지상에서 우리가 인생을 사는 동안 뿐만도 아니고, 영원히 우리와 함께 거하시는 분이 얼마나 중요한가를 우리는 인식해야 합니다. 우리가 이 사실을 깨닫게 될 때, 인격적인 분이신 성령님이야말로 한 사람 한 사람에게 있어서 지극히 중요한 분이심을 한층 더 잘 이해할 수 있게 됩니다.

우리와 함께 영원히 거하시게 된다고 예수님께서 말씀하신 분을 여러분도 나도 무시할 수 없습니다.

여러분도 아시다시피, 제가 성령님을 잘 알게 된 이래 그분은 제 인생에서 대단히 중요한 분이 되셨고, 그분이 없다면 나는 어떻게 해야 좋을지 정말로 모를 정도입니다. 나는 진심으로 그렇게 생각합니다.

우리는 매우 친밀한 관계에 있으며, 만일 하나님의 계획 가운데서 하나님께서 '이제부터 이 성령님은 일정 기간만 너와 함께 있게 된다'고 말씀하신다면 정말이지 나는 어찌해야 좋을지 알 수 없습니다.

나는 성령님 없이 영원을 보내는 것을 원하지 않습니다. 우리는 지금까지 이 땅에서 놀라운 교통과 친교를 누려왔습니다.

지금까지 기름부으심을 받았던 때와 또 그분이 저의 안내자가 되셨던 때가 몇 번이나 있었습니다. 그분은 제게 아버지의 지혜를 줄곧 주셨습니다. 성령님이 결코 나를 홀로 남겨두는 일이 없도록 아버지께서 대비해 주신 것을 인해 저는 대단히 기쁩니다.

그렇지만 예수님은 거기서 멈추시지 않으십니다. 그분은 계속해서 이렇게 말씀하십니다.

"그는 진리의 영이라 세상은 능히 그를 받지 못하나니 이는 그를 보지도 못하고 알지도 못함이라 그러나 너희는 그를 아나니 그는 너희와 함께 거하심이요 또 너희 속에 계시겠음이라"(요 14:17)

자연인(the natural man)은 성령님에 대한 안목도 없고, 그분께 관심도 없기 때문에 성령님을 보거나 이해할 수 없습니다. 예수님은 계속해서 또 말씀하십니다.

"그러나 너희는 그를 아나니 그는 너희와 함께 거하심이요 또 너희 속에 계시겠음이라"(요 14:17)

우선 예수님은 자기 앞에 있는 사람들에게 말씀하시고, 그리고 떠나가시고 난 후, 하늘에서 대제사장의 직임을 맡게 될 장래일을 말씀하고 계십니다. 이렇게 하여 현재 성령님은 거듭난 그리스도인 한 사람 한 사람과 함께 거하고 계십니다. 만일 당신이 거듭남을 경험했다면 성령님은 당신과 함께 계십니다.

그렇지만 제가 전에 말씀드렸듯이 그 이상의 것이 있습니다. "그는… 너희속에 계시겠음이라."라고 예수님이 말씀하셨습니다. 그러므로 우리가 "성령님은 우리 안에 거하고 계십니다."고 말하는 것은 성경적입니다.

성령님은 우리와 함께 계실 뿐만 아니라, 우리 안에도 계시는 것입니다. 나는 저와 함께 계시는 성령님의 놀라우신 임재하심을 여러분께 말씀드릴 수 있으며, 저와 함께 계시는 성령님의 임재를 언제나 의식하고 있을 뿐만 아니라, 그분은 내 안에도 계실 것을 예수님은 약속하셨습니다.

내주(indwelling)하시는 성령님의 임재는 하나님과 예수 그리스도를 진실로 아는데 필수적입니다. 여러분과 제가 이것을 이해하는 것이 중요한 것은 우리가 살고 있는 시대가 성령님께 매우 큰 강조점을 두는 시대이기 때문입니다.

지금 이 마지막 시대에는 전에 없이 강력하게 성령께서 자신을 내어 주시며 또 자신을 쏟아 붓는(outpouring)

시대입니다. 우리는 온 세상으로부터 성령의 권능이 나타남을 목격하고 있습니다.

이전에는 이 가르침에 한 번도 관심을 보인 적이 없었던 수많은 사람들이 성령님께 관심을 보이기 시작하고 있습니다. 강단에 서는 사람들로서 성령님을 처음으로 인식하기 시작한 사람들도 헤아릴 수 없을 정도로 많은데, 왜냐하면 그들은 성령의 권능의 결과들을 보고 있기 때문입니다.

이전에는 다양한 기적들을 본 적이 없었는데, 오늘날 우리는 그런 기적들을 보고 있음을 우리는 부정할 수 없습니다. 성령으로 충만된 문자 그대로 수많은 사람들이 있다는 사실에 우리는 눈을 감을 수가 없습니다. 우리가 지금 살고 있는 시대는 초대교회에서 일어났던 일들이 다시금 우리의 한 가운데서 일어나고 있는 시대이며, 성령의 각양 열매와 은사들이 교회에 회복되는 시대입니다.

"왜 그렇습니까?"라고 여러분은 질문할 수도 있을 것입니다. 그 이유는 시간이 점점 짧아져 가기 때문입니다. 성령님께서 떠나가시려고 합니다. 우리는 지금 교회 시대의 마지막에 임해 있습니다. 예수님께서 떠나셨던 것과 정확히 동일하게 곧 성령님은 다시 하늘로 올라가시려 하고 있습니다. 성령님께서 지상에서 자신의 때가 짧다는 것을 아시고 계십니다. 그분은 이제 곧 교회가 휴거되려 하는 사실을 알고 계시며, 그분은 진실로 문자 그대로 시간외 일(working overtime)을 하고 계시는 것입니다. 나는 내가 이것을 말할 때 신성을 더럽히고 교회를 욕되게 하는 것을 의미하는 것이 아닙니다.

그런 일들이 정확히 일어나고 있습니다. 사람들은 주변을 둘러보고 뭔가가 일어나고 있다는 사실을 계속해서 깨닫고 있습니다. 커다란 변화가 일어나고 있음을 그들은 알아차리고 있습니다. 그리고 모든 의문에 대한 해답이 돌아오고 있는데, 그것은 성령님의 움직이심입니다.

하나님의 말씀과 영적인 것들에 관하여 내가 알고 있는 모든 것은 직접 성경으로부터 온 것이며, 성령님이야말로 줄곧 나의 스승이셨습니다. 영적인 것들은 영적으로 계시되어지는 것입니다. 예수님 자신이 친히 그렇게 말씀하셨기 때문입니다.

"보혜사 곧 아버지께서 내 이름으로 보내실 성령 그가 너희에게 모든 것을 가르치고 내가 너희에게 말한 모든 것을 생각나게 하리라"(요 14:26)

누가복음 2장 25절에는 이렇게 기록되어 있습니다.

"예루살렘에 시므온이라 하는 사람이 있으니 이 사람은

✝

의롭고 경건하여 이스라엘의 위로를 기다리는 자라 성령이 그 위에 계시더라"

시므온에게 임하셨던 성령은 우리가 공부해온 동일하신 성령님이셨습니다. 왜냐하면 성령님은 단 한 분이시기 때문입니다. 앞에서 배운데로, 성령님은 오순절날 등장하신 '새로운 인격'이 아닙니다.

그분은 교회의 성도들과 선지자들에게 임하셔서 그들에게 계시를 주셨던 동일한 분입니다. 하나님의 깊은 진리를 계시해 주시는 분은 오직 한 분밖에 없습니다.

그분은 성령님입니다. 그분은 신약성경의 위대한 진리들을 사도 바울에게 계시하셨으며, 역시 그분께서 오늘날 여러분과 저에게 하나님의 깊은 진리들을 계시해 주시는 분이십니다.

누가복음으로 돌아가 보겠습니다.

"그가 주의 그리스도를 보기 전에 죽지 아니하리라 하는 성령의 지시를 받았더니 성령의 감동으로 성전에 들어가매 마침 부모가 율법의 관례대로 행하고자 하여 그 아기 예수를 데리고 오는지라 시므온이 아기를 안고 하나님을 찬송하여 이르되 주재여 이제는 말씀하신 대로 종을 평안히 놓아 주시는도다 내 눈이 주의 구원을 보았사오니 이는 만민 앞에 예비하신 것이요 이방을 비추는 빛이요 주의 백성 이스라엘의 영

광이니이다"(눅 2:26-32)

 이 위대한 계시를 주신 분은 누구입니까? 누가 시므온을 인도했습니까?
 오늘날도 여전히 열린 마음을 가진 사람들에게 성령님은 진리를 계시해 줍니다. 성령님은 여러분과 저를 모든 면에서 인도해 주실 것입니다.

9. 성령으로 충만해지기 위해

앞장에서 구약시대에는 내주하시는 성령은 모든 사람에게 보편적으로 적용되는 것이 아니고, 모세, 기드온, 다윗의 생애에서처럼 특별한 사역과 특별한 지도력을 위해 성령께서 임하셨을 때, 구약시대의 성도들은 이런 경험을 하였음을 우리는 살펴 보았습니다.

이 은사(gift)는 오직 하나님으로부터 그들에게 왔습니다. 그리고 그것은 오직 그분의 주권에 의해 주어졌습니다. 신약과 구약의 큰 차이점 중의 하나는 성령과 하나님의 백성과의 관계가 변한 것입니다.

예수님의 제자들은 삼년 동안 예수님과 함께 있으며 훈련받았지만, 오순절 날이 되고 나서야 비로소 위로부터 오는 권능을 부여 받았습니다. 고기잡이였던 베드로는 만일 성령의 도우심이 없었더라면, 오순절날 삼 천명의 마음을 찌르는 그런 설교를 할 수 없었을 것입니다.

사역자(minister)는 "진리의 말씀을 옳게 분별"(디모데

후서 2:15) 하여야 하며, 만일 성령께서 그를 도와주시지 않으셨다면 베드로는 그렇게 하는 것이 불가능했을 것입니다. 사람들로 하여금 죄를 인정하도록 하고, 회심시키기 위해서 성령께서 사용하시는 도구는 하나님의 말씀입니다.

"씨는 하나님의 말씀이요"(눅 8:11)

그러나 자연계에서처럼 씨앗은 발아되기 위하여 활성화되어야 합니다. 그리고 이미 존재하는 생명이 없다면, 생명은 있을 수 없습니다. 왜냐하면 생명이 저절로 발아하는 경우는 없기 때문입니다.

그러므로 영적인 세계에서 씨앗(하나님의 말씀)은 반드시 성령으로 활성화되어야 합니다. 그렇지 않으면, 그것은 열매를 맺지 못하게 됩니다.

영적인 계시는 자연적인 인간의 이해력으로는 도저히 이해할 수 없습니다. 바울은 그것을 잘 이해하고 있었는데, 그는 이렇게 말했습니다.

"내 말과 내 전도함이 설득력 있는 지혜의 말로 하지 아니하고 다만 성령의 나타나심과 능력으로 하여"(고전 2:4)

거듭남은 하나님의 성령에 의해 전혀 새로운 성품

(new nature)이 심어지는 것입니다. 하나님의 권능에 의해 사람의 생명은 거듭나고 변화받게 됩니다.

그 사람들을 취하시는 분은 바로 성령님입니다.

양도되고(yielded), 굴복된(surrendered) 몸을 성령님이 취하셔서 그것을 그분께서 거하시는 하나님의 성전으로 삼으시는 것입니다. 성령님은 그 몸을 사용해 주시고, 또 인간 지성의 이해력을 초월하여 그 삶을 사용해 주시는 것입니다. 성령 세례는 점유되는 것(occupancy)입니다. 성령 세례에는 새로운 권능, 하나님의 권능이 있으며, 또 성령께서 주시는 대담성이 있습니다.

성령께서 주시는 영적인 열매가 존재하게 됩니다.

그리고 내가 진심으로 믿고 있는 것입니다만 하나님이 신약의 교회에 주셨던 모든 것, 즉, 성령의 모든 열매와 성령의 모든 은사 그리고 성령의 모든 은혜는 그리스도의 재림이 가까워져 옴에 따라 오늘날 교회에서 회복됩니다. 그리스도는 자신의 교회를 무력한 채로, 그대로 방치하는 것을 결코 의도하시지 않으셨습니다. 왜냐하면, **"… 그리스도께서 교회를 사랑하시고 그 교회를 위하여 자신을 주심 같이 하라 이는 곧 물로 씻어 말씀으로 깨끗하게 하사 거룩하게 하시고 자기 앞에 영광스러운 교회로 …"**(엡 5:25-27) 세우시기 위해서입니다.

내가 몇 번이나 거듭하여 받은 질문이 있습니다.

"어떻게 하면 성령으로 충만받을 수 있을까요?"라는

질문입니다.

여러분이 그리스도인으로서 거듭난 사람이라면, 바로 이 두 번째의 경험, 즉 성령으로 충만케 되는 것은 여러분께 중요한 것이며, 여러분의 영적 성장에는 지극히 중요한 일부분이고, 그리스도 안에서 여러분이 상속받은 은혜의 일부인 것입니다. 여러분이 하나님의 성령으로 충만케 되는 것은 하나님의 계획입니다. 에베소서 5장 18절에서 사도 바울은 이렇게 명령하고 있습니다.

"술 취하지 말라 이는 방탕한 것이니 오직 성령으로 충만함을 받으라"

이것은 명령입니다. 해도 되고 안해도 되는 것이 아닙니다. 여러분 스스로 그 부분을 읽어 보십시오.
"성령으로 충만함을 받으라."
그러면 바울은 무슨 마음으로 "성령으로 충만함을 받으라."고 말했던 것일까요? 여기서 사용된 '충만케 하다'라는 말은 두 가지의 서로 다른 의미로 사용되고 있습니다.

성경 원문에는 두 가지의 다른 헬라어가 있고 둘 다 '채우다, 충만케 하다'로 번역되어 있습니다. 어떤 사람은 가득히 채우는 것을 빈 컵에 물을 부어서, 물을 가득 차게 하는 것으로 설명합니다.

✞

오순절날 제자들은 충만케 되었습니다. 요컨대 그들은 성령으로 가득 채워졌던 것입니다. 성령께서 들어오셨는데, 거하시기 위해 오신 것이었습니다. 그리고 그분의 임재가 믿는 자들 사이에서 드러났습니다. 이것은 이해할 수 있습니다. 그렇지만 주의할 것이 있습니다. 이 단어의 두 번째의 의미는 임재에 대해서 뿐만 아니라, 충만케 된 사람을 통하여 나타나는 권능에 대해서 함께 고려되고 있는 것 같이 보여집니다.

빈 컵에 물을 붓는 것 뿐만 아니라. 그 이상의 것이 있습니다. 물로 가득찬 컵을 통하여 나타나는 권능이 존재했던 것입니다. 이렇게 하여 사람이 성령의 임재로 충만케 될 뿐만 아니라, 거기에 나타나는 능력에 의해서도 충만케 되는 영역이 존재합니다. 그것은 성령으로 충만케 된 사람을 통하여 그리스도께서 드러나시기 위해서입니다.

성령님의 능력과 임재가 새생명을 낳습니다. 그러므로 아시다시피 사람들은 성령께서 자기의 삶과 존재를 다스리기까지 성령의 능력과 임재에 자신을 완전히 맡길 수 있는 것입니다.

종종 이런 질문을 받습니다. "누가 성령충만한지 아닌지는 어떻게 알 수 있습니까?" 성령님은 새로운 걸음, 새로운 말, 새로운 삶의 양식을 낳습니다. 그 생활에는 능력이 있을 것입니다. 그 생활은 성령에 의해 통치되며, 성령에 의해 지배받게 됩니다.

이 대답에 대해 여러분은 또 한 가지 질문을 해 올지도 모르겠습니다. "나는 어떻게 해야 성령으로 충만해질까요?" 나는 짧은 말로 그 질문에 답해 드리겠습니다.

"당신 자신과 당신이 소유하는 모든 것을 예수님께 양도하십시오"

여러분은 "그렇게 간단합니까?"라고 말할지도 모르겠습니다. 그러나 그렇게 간단한 것입니다.

당신 자신과 당신이 가지고 있는 모든 것을 예수님께 양도해 드리는 것이야말로, 결정적인 것입니다. 만일 당신이 여기에서 실패한다면 전체를 어렵게 만들게 됩니다. 자기를 양도해 드리지 않고 있는 부분에서는 당신은 충분히 사랑할 수도 없고, 또한 충분히 일할 수도 없습니다.

이와 같이 내적으로 자기를 양도해 드리고 항복하지 않으면, 당신과 예수님 사이에 사랑은 있을 수 없습니다. 당신의 전 존재와 당신이 가진 전부를 마음속에서 진실로 양도해드리고 항복하지 않고 있는 한, 당신은 결코 성령으로 충만될 수 없습니다.

그것은 그분께 굴복된(surrendered) 진정한 당신을 의미하는데, 이것만 굴복하거나 저것만 굴복한다는 의미가 아닙니다.

어떤 사람들은 '나는 이것을 넘겨드렸습니다. 저것을

양도해드렸습니다.'라고 말하지만, 전혀 잘못 생각하고 있습니다. 이것 저것을 양도해 드리는 것이 아니라, 당신 자신을 그분께 양도해 드리는 것입니다!

당신이 성령께 양도해 드린 것을 성령께서 채워 주십니다. 그분이 당신에게 바라고 계시는 것은 다만 당신 자신입니다. 당신이 그분을 찾는 것이 아닙니다. 당신이 무언가를 찾는 것이 아닙니다. 당신이 어떤 증거를 찾는 것이 아닙니다. 당신 자신을 성령님께 양도해 드리십시오. 당신 자신을 맡기십시오. 당신 자신을 그분께 넘겨 드리십시오. 그것은 예수님에 대한 내적인 자아의 굴복(inward self surrender)입니다. 그리고 당신이 그분께 완전히 양도해 드렸을 때, 성령께서 당신의 그릇을 채우십니다. 성령께서는 그것을 가득 채워주실 뿐만 아니라, 그분 자신으로 당신을 채우신 분의 권능이 밖으로 드러나게 될 것입니다.

성령으로 충만케 되는 것은 그렇게 간단합니다.

오늘날 성령의 권능보다 더 큰 권능은 이 세상에 없습니다. 그리스도의 보혈과 성령의 권능이 서로 결합될 때, 우리는 어떤 것도 멈추게 할 수 없는 에너지를 가지게 됩니다. 우리는 기적을 산출하는 권능을 가지게 되는 것입니다.

여러분이 자신의 삶에서 이 복된 기쁨을 알게 되길 기도 드립니다!

10. 성령충만의 증거

이런 질문을 받은 적이 있습니다. "믿는 자들이 성령으로 충만케 되었을 때는 하나님의 권능이 그 사람 위에 임하심을 나타내는 눈에 보이는 외적인 현상(manifestation)이 항상 있습니까?"

이 질문에 대한 대답은 "예"입니다. 그러나 그 질문에 동반되는 질문이 있습니다.

"믿음으로 성령을 받았을 때 외적인 증거가 아무것도 동반되지 않을 때도 있을 수 있을까요?"

이 질문에 대한 대답은 "아니오"입니다.

자, 여러분이 저에게 반론하시기 전에 잠시 침착해 주십시오. 나는 이 두 가지 질문에 대해 분명히 "예"와 "아니오"로 대답을 드렸습니다. 그렇지만 내 대답의 참된 의미는 여러분이 생각하고 있는 것과는 조금 다른 것을 의미합니다. 믿는 자 한 사람 한 사람에게 있어서 매우 놀랍고 중요한 것이 무엇인지 조사해 보기로 합시다. 나는 "아니오"라고 대답했던 질문부디 시작하겠습니다.

거듭남의 경험에 대해 말하면, 사람들은 그것을 믿음으로 받아들입니다. 왜냐하면 성경이 **"너희는 그 은혜에 의하여 믿음으로 말미암아 구원을 받았으니"**(엡 2:8)라고 말씀하고 있기 때문입니다.

예수님께서 십자가 위에서 여러분을 위해서 해주신 것을 여러분은 믿음으로 받아들입니다. 즉, 예수님께서 자신의 피를 흘리신 것과 자신의 생명을 주신 것입니다.

그분이야말로 살아계신 하나님의 아들이시며, 또 그분은 여러분의 혼(soul)과 나의 혼을 위해 속죄를 이루어 주셨습니다. 그리고 우리는 믿음으로 예수님께서 십자가 위에서 행하신 일들을 받아들입니다. 우리가 구원 받은 것은 사실에 의해서이지 감정에 의해서가 아닙니다.

그것을 이런 식으로 표현해 봅시다. 어떤 주지사(governer)가 누군가에 대해 사면장을 발행한다고 합니다. 그리고 그 사면장에는 주 정부의 봉인(the seal)이 찍혀져 있습니다. 그 결과 사형을 선고 받았던 그 사람이 손을 내밀어 그 사면장을 받을 때 그는 자유인이 됩니다.

그가 자유케 된 것은 뭔가의 감정에 의해서가 아닙니다. 그렇지만, 그때까지의 희망도 장래도 없이 사형을 선고받고 있었던 그 사람이 자기가 자유케 되었다는 사실을 알게 되면, 그는 감정을 나타내게 되는 것입니다.

그 사람은 감격하고 말로는 표현할 수 없는 기쁨을 경험하게 될 것입니다. 그렇지만 그가 자유케 된 것은 그의 감정 때문은 아닙니다. 그가 자유케 된 것은 그에게 사면장이 내밀어졌고, 그가 그 사면장을 받았을 때였습니다.

마찬가지로 누군가가 예수 그리스도께로 올 때, 뭔가의 감정적 경험에 의해 구원받는 것이 아닙니다. 구원의 초청이 행해질 때, 강단으로 나오는 사람들을 나는 알고 있습니다. 전도자 혹은 설교자가 누구일지라도, 그 사람은 통로를 나아갔습니다. 이렇게 묻는 사람이 있겠지요.

"당신은 지난 주 그리스도를 영접한 것이 아니었습니까?"

나는 이런 대답을 들은 적이 있습니다.

"그때 나는 앞으로 나아갔지만, 아무것도 일어나지 않았습니다. 나는 아무것도 느끼지 못했습니다."

그리고 그 사람은 뭔가의 감정적 경험을 계속 기다리면서 일생을 보내게 될 것입니다. 기억하십시오. 그런 감정적 경험과 느낌이 오는 것은 예수님이 십자가 위에서 당신을 위해 행하신 것을 당신이 믿음으로 받아들였을 때에, 무엇이 실제로 일어났던가를 당신이 깨달은 후입니다. 여러분과 내가 구원받은 것은 사실에 기초하고 있으며 감정에 기초한 것이 아닙니다.

자신의 감정에 의해 살아가는 사람들은 논쟁의 바람

(wind of controversy)이 불어오거나, 삶의 폭풍이 밀려올 때 흔들리게 됩니다. 그들은 자신의 감정을 따라 살아가기 때문에 어느 날은 고양되어 있으며, 또 그 다음 날은 감정이 침체되어 있는 것을 여러분은 발견하게 될 것입니다.

어느 날 그들은 자신이 구원 받았다고 생각하고 다음 날에는 자신이 구원받은지 아닌지 확신하지 못하게 됩니다.

여러분은 그 사람들이 불신앙에 빠져 있음을 알 것입니다.

뭔가 새로운 교리의 설교가 행해질 때마다 그들은 완전히 끌려 들어가 거기에 빠져 버리는 것입니다. 결국 그들은 자신이 무엇을 믿고 있는지 모르게 됩니다.

그렇지만 분명한 사실에 근거하여 예수 그리스도를 영접한 남자와 여자를 나에게 보여 주십시오. 그리고 그것은 글자 그대로 인간이 알 수 있는 가장 위대한 거래(transaction)입니다. 그 사람은 사실 즉, 그가 믿음으로 받아들인 여러 가지 사실들에 근거하여 구원받은 것입니다. 그리고 그 사람이 무엇을 또 왜? 자신은 믿고 있는가를 알면서, 하나님의 말씀을 지적하여 "그것은 성경 이곳에 있습니다."하고 말할 수 있을 때, 여러분은 그 사람이 흔들리는 것을 보지 못할 것입니다. 그는 견고하여 흔들리지 않으며, 자기의 구원이 진실한 것임을 알고 있습니다.

 거듭남의 경험에 대한 또 다른 결과를 생각해 봅시다. 그 사람의 구원에 관하여, 또 한 가지 외적인 증거가 있습니다. 그 사람이 진정으로 거듭나 있다는 것, 그 사람이 그리스도 예수 안에서 새로운 피조물이 되었다는 것을 우리가 알기 위해서는 어떻게 해야 좋겠습니까? 그의 사고방식과 생활방식이 변했다는 사실에 의해서입니다. 그는 새로운 가치관을 가지게 되었으며, 인생에 대해서, 또 인생에 관한 모든 것들에 관해서 지금까지와는 다른 견해를 가지게 됩니다.

 "이전 것은 지나갔으니 보라 새 것이 되었도다"(고후 5:17)

 놀라운 것은 이것입니다. 그 사람 자신은 자기에게 일어난 이 큰 변화를 알아차리지 못하고 있을지도 모르지만, 그 사람의 가족들은 알 것입니다. 그 사람의 이웃들도 알 것입니다. 전에 다른 사람을 저주하거나 욕하던 사람은 오히려 자신이 즐겁게 휘파람 불고 있는 사실을 깨닫지 못할지도 모릅니다. 그때까지 그가 휘파람을 부는 것을 어느 누구도 들었던 적이 없고, 그가 그렇게 즐거워하고 있는 것을 아무도 본 적이 없습니다.

✝

이전에 그는 교회를 간 적이 없었는데도, 이제는 교회에 가고 싶어 안달이 나 있는 자신의 모습을 자신은 깨닫지 못하고 있습니다. 그런 사람의 전형적인 모습을 한 한가지 예가 있습니다. 우리의 봉사자(usher)들 중 한 사람이 나에게 와서 말했습니다.

"아시리라 생각합니다만 새로운 봉사자 중 한 명이 오늘 아침 나와 여섯 번이나 악수를 하고 그때마다 '하나님이 당신을 축복하시길' 이라고 나에게 말했어요. 나는 그 사람을 오랫동안 알고 있지만, 그가 놀라운 구원의 경험을 하기 전에는 누군가에게 '하나님이 당신을 축복하시길' 라는 식의 말을 했던 적은 한 번도 없었습니다."

아시는 바와 같이, 그 사람은 이전에 싫어하던 것을 매우 좋아하게 되었습니다. 그는 하나님의 말씀을 사랑하며 자기 안에서 일어난 것에 대해 한 가지의 외적인 증거가 있는 것입니다. 새로 태어나는 것은 바로 그런 것입니다.

그럼 이제는 성령으로 충만케 되는 이 경험으로 가봅시다. 누군가가 이렇게 물을지도 모르겠습니다.

"거듭날 때 성령으로 충만되지 않는 것은 왜입니까?"

나는 진실로 정직하게 여러분에게 말씀드리겠습니다.

"우리들 중 어느 누구라도 그것을 견뎌낼 수 없다고

나는 생각합니다!"

제가 왜 그렇게 말씀드리는지 알고 싶습니까? 무엇보다도 먼저 우리의 낡은 육체는 그러한 능력을 받아들이고, 그러한 급진적인 변화에 적응할 만큼 톱니가 맞물려 있지 않습니다. 스스로 그것을 잘 생각해 보십시오. 여러분이 만일 나의 라디오 방송 프로그램을 자주 듣고 계신다면 아마 그 유대인 랍비의 간증을 들었을 것입니다.

그는 성령에 대한 저의 메시지를 듣고 있던 사람입니다. 그에게는 모든 것이 놀랍고 새로운 것이었습니다. 그래서 그는 어느 일요일 아침 로스앤젤레스에 있는 쉬라인(shrine) 강당의 연단 위에 서서, 예수님을 진정한 메시아로서 영접하고 자신의 입장을 공적으로 표명했습니다. 일주간 정도 지나서 그는 내게 편지를 보냈는데, 이렇게 말하고 있었습니다.

"제 친구인 존을 위해 부디 계속 기도해 주십시오. 그렇지만 저를 위한 기도는 부디 중지해 주십시오."

그가 그 편지에 쓴 것은 그것뿐이었습니다. 나는 매우 혼란스러웠습니다. 다음 달 내가 쉬라인 강당에 다시 왔을 때, 나의 귀한 랍비 친구는 거기에 와 있었습니다. 집회가 시작되기 전에 그는 나에게 와서 이렇게 말했습니다.

"설명해 드리고 싶은 것이 있습니다. 존을 위해서도 기도를 부탁드렸고, 나를 위해서는 기도를 하지 말아

달라는 나의 편지를 틀림없이 받아 보셨을 줄 생각합니다. 아시리라 생각합니다만, 나를 위한 기도를 중지해 주시도록 부탁드린 것은 내가 이 새로운 생명에 더욱 잘 순응할 수 있게 되기까지의 지극히 짧은 기간 동안입니다. 나에게 일어났던 이 놀라운 영적인 것은 너무나 압도적(overwhelming)이었습니다. 그것은 나에게 매우 강력하게 임하여 왔기 때문에 지금은 아직 더 이상 흡수할 수가 없습니다. 그러므로 내가 이 새 새명에 익숙해지고 좀더 순응할 때까지는 나를 위해 더 이상 기도하지 말아 주십시오. 그 후에는 내가 더욱더 많은 것을 받아들일 수 있도록 다시 나를 위해 기도해 주실 수 있습니다."

사람은 하나님께서 자기를 위해 준비해 놓으신 것을 한 번에 모두 받아들이기는 불가능합니다.

성령으로 충만되는 경험은 거듭남과 동일하게 다른 것과는 분명히 구별되는 경험이며, 성령의 충만은 사람의 구원과 전혀 별개의 것입니다. 성령의 충만이 주어지는 것은 혼의 구원과는 전적으로 다른 목적을 위해 주어진다는 사실에 주목하십시오.

사람이 거듭날 때, 그 사람은 예수님이 십자가 위에서 그 사람을 위해 행하여 주신 일을 받아들입니다. 죽음이 올 때, 그 혼(soul)은 이 낡은 흙으로 된 몸을 떠나 지구로부터 멀리 떨어져 있는 영광속으로 가서, 그리고 그

영은 주님곁에 있게 되는 것입니다.

성령으로 충만케 되는 이 두 번째 경험은 구원과는 별개의 것입니다. 그것은 섬김을 목적으로 합니다. 우리 그리스도인들은 섬기기 위해서 구원받았습니다.

성령으로 구원받은 우리는 하나님의 상속자들이며 그리스도의 몸으로 태어났습니다. 또한 반드시 섬김을 위해 권능으로 준비되어야 합니다.

아마 여러분은 내가 전에 이런 말을 하는 것을 들어보지 못했을 것입니다. 왜냐하면 나는 종종 우리의 마음을 칸막이 쳐진 방이 몇 개씩 있는 건물에 비유하기 때문입니다. 우리가 회심할 때, 우리는 그 사면장을 받아들고, 우리 마음에 있는 하나의 방문을 연 것입니다.

우리는 이렇게 말합니다. "사랑하는 예수님, 들어오시옵소서" 그리고 그때 하나님의 아들 예수 그리스도의 피가 모든 죄로부터 우리를 정결케 합니다. 회심은 한 순간의 것이지만, 그리스도의 생명은 영적으로 성장해 가는 것입니다. 한 번의 경험의 결과로서 모든 것을 다 받는 것은 아닙니다. 그렇지만 당신이 예수님께 맨 처음으로 마음 문을 열어드린 후, 당신은 마음속에 있는 다른 방의 문도 열고 있는 것을 깨닫게 될 것입니다.

예수님이 빛 가운데 거하시듯이 여러분도 자신을 거룩하게 구별하면서 빛 가운데로 계속해서 걸어간다면, 영적인 성장을 해가는 중에, 위를 올려다보며 "주님, 내

것은 아무것도 없습니다. 모든 것은 당신의 것이옵니다."라고 진심으로 고백할 때가 오게 됩니다. 드디어 당신이 모든 것을 그분께 양도해 드리게 되면, 그때 성령께서 들어오셔서 당신은 성령의 세례를 경험하게 되는 것입니다.

예수님은 니고데모에게 거듭남을 갓난아기가 태어나는 방법에 비유하여 말씀하셨습니다.

"두 번째 모태에 들어갔다가 날 수 있사옵나이까"

(요 3:4)

이 조그마한 갓난아기는, 그 몸에 어떤 결함도 없이 육체적으로 완전한 사람으로 태어나는 것이 가능합니다. 그렇지만, 만일 그 갓난아기에게 영양을 공급해 주지 않거나, 적절한 음식을 주지 않으면, 몸이 야위고 성장이 방해 받을 수 있습니다.

그것과 완전히 동일한 방식으로 영적인 성장이 이루어져야 합니다. 내적인 영의 사람은 양육되어야 합니다. 영의 사람을 위한 영적 양식으로서 하나님 말씀보다 더 좋은 것은 없습니다.

그것이야말로 진실로 영의 사람(spiritual person)이 성장하기 위한 음식물입니다. 영의 사람은 끊임없이 성장하지 않으면 안됩니다. 그러나 먼저 그 사람 자신이 거듬나 있지 않은 동안은 성장은 있을 수 없습니다. 그리고 몸과 혼과 영을 그리스도께 양도해 드릴 때, 그 사람은 놀라우신 성령의 충만하심을 받게 됩니다.

언제나 기억하십시오. 자연계 안에 진공상태는 없습니다. 예를 들어 설명해 보겠습니다. 물이 들어있는 아름다운 꽃병을 생각해 보십시오. 그 꽃병을 거꾸로 하면 꽃병 속의 꽃과 물은 쏟아지게 됩니다. 꽃병 속에 있던 물이 마지막 한 방울까지 쏟아져버리면 "보십시오. 그 꽃병은 빈 것입니다."라고 당신은 말할지도 모르겠습니다.

꽃과 물이 꽃병에서 쏟아져나온 순간, 꽃병 안에 공기가 들어가 그곳을 채웁니다. 왜냐하면 자연계에는 진공상태가 없기 때문입니다.

그것과 완전히 동일하게 인간의 마음, 혹은 생명으로부터 자기(self)가 비어지고, 자신의 지성도, 또 살아있는 제물로서 육신도 하나님께 양도해 드릴 때, 바로 그 때 우리는 성령으로 충만케 되는 것입니다. 하나님의 영광을 위해 성령께서 사용하는 그릇으로서 자신의 몸을 드리는 것입니다. 그때, 즉 우리가 이기적인 동기와 이기적인 원함을 넘겨드리고, 자기의 의지도 그분께 넘겨드릴 때, 우리는 자기 자신의 의지(will:뜻)를 아무것도 가지지 않게 됩니다. 우리가 사는 것은 그분을 기쁘시게 해드리기 위해서입니다. 우리의 몸은 성령의 전이 되며, 성령으로 충만케 된 그릇이 되어, 그분께서 들어오셔서 우리의 지성, 우리의 혀, 우리의 손, 우리의 몸을 사용해 주시는 것입니다.

우리의 의지는 하나님의 뜻(will)에서 분리되거나 벗어난 의지가 아니게 됩니다. 우리는 하나의 의지를 가지게 되기까지 양도해 드리게 됩니다. 그 의지(will)란 바로 아버지 하나님의 뜻입니다. 이렇게 하여 성령은 우리의 생활을 통하여 아버지의 뜻을 행하여 주시는 것입니다.

성령으로 충만케 되는 것. 즉 우리가 성령 세례라고 부르는 이 경험은 성령께서 우리안에 행하시는 작업입니다. 그것은 우리를 통하여 성령께서 섬김과 봉사를 위한 능력이 되시기 위해서입니다.

우리는 대단히 중요한 이 경험을 하면서, 그것을 깨닫지 못하는 것은 있을 수 없습니다. 우리가 성령 세례, 성령의 충만을 경험하는 것은 믿음으로 경험하는 것이 아닙니다. 우리가 그것을 경험하는 것은 넘겨드리고 항복함에 의해서입니다.

예수님께서 떠나가시기 직전 무어라고 말씀하셨을까요? 그분은 이렇게 약속하셨습니다.

"성령이 너희에게 임하시면 너희가 권능을 받고"

(행 1:8)

여러분은 이 권능을 믿음으로 받은 것이 아닙니다.

여러분이 이 영광스런 다이너마이트와 같은 능력, 이 장엄한 동력(dynamo)을 믿음으로 받는 것이 아닙니다. 여러분이 이 영광스러운 권능을 접하는 것은 믿음으로가 아닙니다.

설명해 드리겠습니다. 사도행전 2장을 보십시오.

사람들이 다락방에서 기다리고 있었을 때, 그들은 믿음으로 어느 것 하나도 받은 것이 없었습니다. 믿음으로 그들은 그 다락방에 들어갔습니다. 믿음으로 그들은 예수님이 약속하신 것을 받아들였습니다. 그들이 기다렸던 것은 분명한 사실이지만, 그들이 다락방에서 나왔을 때, 그들 중 어느 누구 한 사람도 그 경험을 믿음으로 받은 자는 없었습니다. 뭔가가 실제로 일어났던 것입니다. 그것에 대한 어떤 외적인 증거가 있었습니까?

사람이 거듭날 땐, 거기엔 분명히 외적인 증거가 있다고 나는 앞에서 말씀드렸습니다. 그 사람은 예수 그리스도 안에서 새로운 피조물이고, 여러분이 진실로 거듭났는지 아닌지는 누구라도 알 것입니다.

그것과 정확히 동일하게, 여러분이 성령충만을 경험했다면 그 외적인 증거가 있을 것입니다.

어떤 사람을 예로 들어 보겠습니다.

매우 겁쟁이이며, 대단히 약했던 조그마한 여자아이를 두려워하여 예수님을 알지 못한다고 부인해 버린 사람이 있었습니다. 이렇게 말하면, 여러분은 내가 베드로에 대해 말하고 있다고 생각하실 것입니다. 그렇지만 사도행전 2장에서는 베드로가 성령으로 충만되었다는 증거를 볼 수 있습니다. 왜냐하면 그는 성령의 대담함으로 다락방에서 나와서 설교를 시작했으며, 이렇게 말했기 때문입니다.

"너희가 회개하여 각각 예수 그리스도의 이름으로 세례를 받고 죄 사함을 받으라 그리하면 성령을 선물을 받으리니"(행 2:38)

베드로에게 성령이 충만했다는 증거가 있었던 것일까요? 우리는 그것을 부정할 수가 없습니다!
베드로가 보여준 성령의 대담함을 보십시오. 사도행전 2장 41절은 이렇게 기록되어 있습니다.

"그 말을 받은 사람들은 세례를 받으매 이 날에 신도의 수가 삼천이나 더하더라"

베드로가 성령의 약속을 받은 것은 믿음에 의해서가 아니었습니다. 그가 예수님의 말씀을 받아들인 것은 믿음에 의해서였습니다. 그가 기다리고 있자 하나님의 권능이 눈에 보이는 현상으로 나타났습니다.
그리고 그가 다락방에서 걸어나왔을 때, 그는 자신이

충만케 되었음을 알았고, 그의 경험에 대해서는 성경적인 증거가 있었습니다.

성령께서 베드로를 통해 말씀하셨을 때, 성령의 담대함이 있었습니다. 그것은 베드로 안에 계시며 베드로를 사용하고 계신 성령님이셨습니다.

내가 경험한 것을 말씀드리겠습니다. 그렇게 함으로 제가 말씀드리고자 하는 것이 분명해 지리라 생각합니다. 우선 예수님께서 하신 말씀을 봅시다.

내게는 그 말씀이 매우 의미심장한 말씀입니다.

"나를 위하여 자기 목숨을 잃는 자는 얻으리라"

(마 10:39)

이 말씀의 앞 부분인 "자기 목숨을 얻는 자는 잃을 것이요"에 대해서 나는 지금까지 몇 번이나 설교했습니다. 그렇지만 그 뒷부분인 "얻으리라"를 강조한 적은 한 번도 없었습니다.

나는 오레곤 주 포틀랜드에 있는 맥체스니 거리의 끝자락에 있었을 때를 잘 기억하고 있습니다. 당시 그 길은 막다른 골목(dead end street)이었습니다.

어느 토요일 오후 4시, 나는 거기서 내 자신의 인생을 그리스도를 위해 버렸던 것을 생각하고 있었습니다. 왜냐하면, 훨씬 오래전 어느 날, 같은 시간에 나는 나의 뜻을 하나님의 뜻에 굴복하였기 때문입니다.

그러고 나서, 어느 날 내가 나의 뜻을 하나님의 뜻을 위해 포기했던 것과 같은 도시인 포틀랜드 시민회관에서 강단 위에 서 있었을 때, 한 남자가 자신의 두 다리로 일어서는 것을 보았습니다. 그는 9년 동안이나 다발성 경화증으로 휠체어 생활을 해오고 있던 사람이었습니다. 나는 주 예수 그리스도의 치유의 능력이 그의 몸을 통하여 흐르고 그를 완전히 건강하게 하는 것을 목격했습니다. 우리는 하나님의 능력이 역사하시는 것을 보고 크게 기뻐했습니다.

그렇지만, 그 위대한 기적을 본 사람들은 그때 성령께서 제게 말씀하신 것을 꿈에도 생각하지 못했을 것입니다. 성령께서는 이렇게 말씀하셨습니다.

"너는 나를 위해 네 생명을 버렸지만, 너는 그것을 내 안에서 발견했단다."

사랑하는 여러분, 나는 나의 생명을 찾았습니다. 왜냐하면 나는 하나님의 뜻을 위해 내 뜻을 버렸기 때문입니다. 이것과 똑같이 영광스러운 권능을 오늘날 여러분도 받을 수 있는 것입니다. 예수님께 자신을 양도해 드리는 모든 사람을 성령께서 사용하실 것입니다.

증거하기 위해, 또 섬기고 봉사하기 위해 성령의 권능으로 자신을 채워달라고 성령님을 초청하는 모든 사람들을 성령께서는 사용하실 것입니다. 할렐루야!

11. 우리 안에 계시는 성령님

성령의 권능보다 더 위대한 능력은 이 세계에 아무것도 없다는 사실을 다시 한 번 생각해 주십시오. 예수님이 하늘로 승천하시기 전, 그분은 교회에 최고의 선물을 남겨 주셨던 것을 우리는 보아왔습니다. 즉, 그분이 남기실 수 있었다고 생각하신 가장 위대한 선물, 그것은 바로 성령이셨습니다. 이 선물을 교회에 주실 때 그분은 이렇게 약속하셨습니다.

"너희가 권능을 받고"(행 1:8)

다른 말로 표현하면 예수님은 이렇게 말씀하셨던 것입니다.

"내가 지상에서 있던 동안 나타났던 권능과 동일한 권능, 나의 사역에서 나타났던 권능과 동일한 권능을 나는 너희들에게 주노라. 너희들은 여러가지 기적을 보아왔다. 나는 이제 떠나가지만 너희들은 무력한 그대로 방치해 두시 아니하노라. 나의 교회인 너희들에게 나는 한 가지 선물을 주노라. 그것은 내가 이 지상에서 걸었을 때, 내가 받았던 것과 동일한 권능이니라."

우리 주님으로부터 주어진 이 약속에 관해, 여러분께 질문해 보겠습니다.

"당신은 이 권능으로 무엇을 하고 있습니까? 당신은 이 위대한 선물로 무엇을 하고 있습니까? 예수님이 주실 수 있는 이 최고의 선물, 이 성령으로 당신은 지금 이 세상에서 무엇을 하고 있습니까?"

하나님의 자녀라고 고백하는 수 천명의 사람들이 패배하고 능력이 결여된 삶을 살고 있습니다. 때로는 그들을 위한 주 예수 그리스도의 복음이 비난 받을 정도입니다. 그들이 패배하는 삶을 살고 있기 때문입니다.

다시 한 번 여러분께 묻겠습니다.

"당신은 이 선물로 무엇을 하고 있습니까?"

당신이 가지고 있는 성경, 고린도후서 13장 11-14절을 보십시오. 그러나 성경 이 부분을 고찰하기 전에 위대한 사도 바울이 이 말씀을 기록했는데, 그가 큰 시련을 당하고 있을 무렵에 기록하였던 말씀임을 여러분께 상기시켜 드리고 싶습니다.

육체적인 약함, 지침, 괴로움과 아픔이 있었을 때입니다. 이 영적 거인은 아직 죽지않음(不死 : immortality)을 입고 있지 않다는 사실을 우리는 잊어버리기 쉽습니다.

그의 육신의 몸은 병에 걸리지 않는 몸도, 고통을 느끼지 않는 몸도 아니고, 유혹과 시험으로부터 벗어난 몸도 아니었습니다.

그러므로 하나님의 자녀들을 보고 '어떤 경우에도 하나님의 자녀가 질병에 걸리거나 고통을 받거나 시련에 직면하는 것은 죄를 범한 결과다.' 라고 말하는 것은 매우 잔인한 말입니다.

사도 바울은 역사상 가장 위대한 성도 중 한 사람이었습니다. 하나님은 다른 어떤 사람에게도 주신 적이 없는 위대한 영적 계시를 바울에게 주셨습니다. 하나님은 바울을 신뢰하셨던 것입니다.

고린도후서 13장 11-13절에 바울은 이렇게 기록하고 있습니다.

"마지막으로 말하노니 형제들아 기뻐하라 온전하게 되며 위로를 받으며 마음을 같이하며 평안할지어다 또 사랑과 평강의 하나님이 너희와 함께 계시리라 거룩하게 입맞춤으로 서로 문안하라 모든 성도가 너희에게 문안하느니라 주 예수 그리스도의 은혜와 하나님의 사랑과 성령의 교통하심이 너희 무리와 함께 있을지어다"

여기에서 우선 바울이 모든 그리스도인들에게 권고하

고 있는 것은 하나님 안에서 성장하고 성숙할 것과 여러 가지 아픔과 곤란이 있어도, 또 여러 가지 괴로움과 시련이 있어도 완전한 자가 되도록 힘쓰라는 것입니다.

우리는 육의 낡은 몸 안에서 살고 있고, 아직 이 세상 가운데 있지만, 이 세상에 속한 것은 아닙니다. 그래도 우리는 완전해지도록 도전받고 있습니다. 어떻게 그것이 가능할까요?

인간이 자기만으로 완전케 되는 것은 불가능하다는 것에 우리는 동의합니다. 그렇지만 바울은 살아계신 하나님의 아들 예수 그리스도의 완전하심에 관해 말하고 있었습니다.

우리는 자신을 구별하여 자기가 가진 모든 것을 그분께 드릴 수 있습니다. 그렇지만 생각해 두십시오. 우리의 완전함이란, 우리가 하나님의 사랑 안에서 완전한 자로서 계속해서 서가는 중에, 예수 그리스도의 완전하심 안에 있는 것입니다. 그러므로 당신이 괴로움을 당하고 여러가지 유혹에 직면해 있을지라도 용기를 내십시오. 그분은 당신을 승리로 인도하시기 위해 당신과 함께 계시고 당신 안에 계십니다.

바울은 계속해서 이렇게 말합니다. "같은 것을 생각하라. 평안할지어다." 다른 말로 표현하여, 그는 이렇게 말하고 있는 것입니다.

"당신에게 어떤 일이 일어나도 당신은 하나님의 자녀

입니다. 당신은 하나님께 속해 있습니다. 당신이 완전해지기 위해 계속 힘쓸 수 있다는 것은 참으로 하나님의 뜻입니다. 그러므로 우리는 힘을 내고 마음을 하나로 하여 나뉘어진 마음이 아닌 그리스도의 마음을 가질 수 있는 것입니다."

하나님의 말씀은 우리가 견고케 되고, 우리가 무엇을 믿고 있는가를 알고, 그것을 굳건히 붙들라고 명합니다. 그리고 이 세상에서 진정한 마음의 평안함을 발견할 수 있는 유일한 장소는 하나님의 평안이 거하시는 장소입니다. 우리는 다시 한 번, 영적인 것이야말로 진정으로 참된 가치가 있다는 것을 인식해야 할 필요가 있습니다.

이제는 바울의 끝맺는 말로 가보겠습니다.

"주 예수 그리스도의 은혜와 하나님의 사랑과 성령의 교통하심이 너희 무리와 함께 있을지어다"

매주 일요일마다 성경의 이 부분이 수많은 강단에서 거듭 거듭 반복되고 있습니다. 그런데 그 의미를 충분히 이해하고 있는 사람은 소수에 불과합니다. 이 시간에 생존해 있는 아무리 위대한 성도일지라도 그 깊고 참된 의미를 완전히 이해하기란 불가능합니다. 왜냐하면 누가 주 예수 그리스도의 은혜를 헤아려 측량할 수 있을까요? 그분의 은혜는 우리의 모든 죄보다도 크고, 우리의 모든 실패보다도 큽니다. 나는 오래 살면 살수록 점점 더 그분의 은혜를 깨닫고 그분의 은혜에 놀라워하곤 합니다.

예를 들어 남자든 여자든 일생에서 한번도 하나님을 섬겼던 적이 없는 사람을 예로 들어 보겠습니다. 나는 그런 사람들이 하나님의 능력에 의해 순간적으로 그리고 영광스럽게 치유받는 것을 보아왔습니다. 그렇지만 단지 그들의 몸이 만짐을 받았을 뿐만 아니라, 그들의 죄도 사함을 받고, 주님의 기쁨이 그들의 육체와 혼에 홍수처럼 밀려 왔습니다.

그것은 그 사람에게 어떤 장점이나 어떤 미덕이 있었기 때문이 아니고, 주 예수 그리스도의 은혜와 긍휼 때문이었습니다.

우리는 하나님의 사랑도 측량할 수 없습니다. 하나님 사랑의 깊이는 인간의 혀로 말하거나 펜으로 묘사할 수도 없습니다. 하나님이 우리를 사랑하신 사랑은 영원하신 사랑, 용서해 주시는 사랑, 지켜주시는 사랑, 감싸주시는 사랑, 공급해 주시는 사랑, 변호해 주시는 사랑, 양자 삼으시는(adopt) 사랑, 여러분과 저를 하나님의 상속인으로 하여, 하나님의 독생자와 함께 공동 상속인으로 해주신 사랑입니다.

만일 우리가 하나님의 사랑에 대한 비전을 볼 수 있다

면, 그리고 우리는 그분의 일부이며, 그분의 성품에 참여한 자들이기 때문에 여러분과 제가 그리스도인으로서, 또 하나님의 자녀들로서 하나님 사랑의 본보기를 한 가지라도 이 세상에 제시할 수 있다면 셀 수 없을 정도의 많은 사람들이 그리스도께로 인도함을 받게 될 것입니다. 우리는 이 세상에 대하여 그리스도를 대표하고 있습니다.

"내게 사는 것이 그리스도니… 유익함이라"(빌 1:21)

여러분과 저만이 죄인들의 눈에는 보이는 유일한 예수님일 때가 종종 있습니다. 그러므로 우리에게 사는 것은 그리스도이며, 우리는 우리의 삶을 통하여 행하는 여러가지 것들 가운데 하나님의 사랑을 반드시 보여주어야 합니다.

그렇지만 바울은 거기서 끝마치지 않고, 계속해서 이렇게 말하고 있습니다.

"성령의 교통하심이 너희 무리와 함께 있을지어다."

다음주 주일날, 이 부분의 하나님 말씀을 외치는 모든 사람들이 모두 하나님의 거룩하신 임재 가운데 서 있을 때처럼, 이러한 말씀의 의미를 충분히 이해한다면, 미국은 새롭게 될 것입니다.

사람들이 필요로 하고 있는 것이 바로 이 "성령의 교

통하심"이라는 말씀 가운데 포함된 것이 의미하는 것입니다. 흙티끌로 만들어진 유약한 창조물인 여러분과 제가 성령과 교통하심을 갖는다는 것이 어떤 의미인지 여러분은 이해할 수 있겠습니까? 그러므로 앞에서 말했듯이, 성령 세례를 받고 성령으로 충만되어 있는 사람만이 성령에 대한 진정한 지식을 가지고 있는 것입니다. 교제란 끊어지지 않고 계속되는 것입니다.

매우 어두운 한밤중, 당신이 눈을 뜬채로 누워 있을 때, 당신은 임재를 의식합니다. 그 임재는 당신에게 매우 가까이 있어서, 성령께서 당신의 호흡의 중요한 일부가 될 정도이며, 두려움은 전혀 없으며, 어떤 걱정도 없습니다. 당신은 한 분의 인격이신 성령님과 친밀하게 교통하고 있는 자신을 발견합니다. 그것은 당신의 육체 한 가운데서 심장이 뛰는 고동보다도 더 당신 가까이 있는 임재입니다.

당신은 사랑했던 누군가의 묘지 앞에 서 있었던 적이 있습니까? 그리고 당신이 어떤 욕구불만도 느끼는 것 없이, 단지 평안과 희망만을 느꼈던 적은 없습니까?

관 위에 놓여 있는 꽃에 물을 부을 정도로, 당신은 눈물을 흘릴지도 모릅니다만, 거기에는 기쁨이 있습니다. 마음 속 깊은 곳에 그분의 기쁨이 있습니다. 당신이 그 묘지를 떠나, 아무도 없는 집에 돌아왔을 때도 당신은 당신을 강하게 해주시는 분, 위로의 주님을 의식할 것입니다.

분명히 외로움은 있습니다. 당신은 인간입니다. 그러나 두려움은 없습니다. 희망이 있습니다. 평안이 있습니다. 사랑하는 여러분, 이해하시겠습니까? 그것은 위로자(Comforter)이시며, 당신을 강하게 해주시는 분(Strengthener)이신 성령님과의 교통입니다.

성령은 단지 강력한 위로자이신 것만이 아닙니다. 그분은 또한 당신의 원수를 대적하여 위협합니다. 그리고 그 한 가지 이유로 하나님의 자녀들은 누구 한 사람도 패배해야 할 필요가 없습니다.

하나님의 말씀이 이렇게 약속해주고 있습니다.

"서쪽에서 여호와의 이름을 두려워하겠고 해 돋는 쪽에서 그의 영광을 두려워할 것은 * 여호와께서 그 기운에 몰려 급히 흐르는 강물 같이 오실 것임이로다"(사 59:19)

우리의 주님이시며 구주이신 분께서 자기의 소유이신 한 사람 한 사람을 위해 승리를 준비해 주셨습니다. 우리 가운데 어느 누구도 한 순간이라도 패배하여 침체할

---

*개역개정에는 "여호와께서 그 기운에 몰려 급히 흐르는 강물 같이 오실 것임이로다."로 표현되어 있지만, 영어성경 New King James Version 에는 "When the enemy shall come in like a flood"로 되어 있으므로, 급히 흐르는 강물 같이 오는 주체는 여호와가 아니라 원수를 의미하는 것이 정확하다.

필요는 없습니다. 왜냐하면 원수가 홍수같이 밀려올지라도 주의 영, 성령께서 그들을 내쫓아 몰아 버릴 것이기 때문입니다. 여러분은 여러분 스스로의 힘으로 싸우는 것이 아닙니다. 나의 싸움은 내 자신이 스스로 싸우는 싸움이 아닙니다. 주님의 영이신 성령께서 우리를 위해 우리의 싸움을 싸우십니다.

12. 무한하신 권능

예수님은 성령의 중요성과 성령님의 무한하신 권능을 알고 계셨습니다. 예수님은 이 영광스러운 분을 이해하시고, 그분의 성품을 잘 아셨습니다. 그러므로 예수님은 성령님을 신뢰하실 수 있었습니다. 그리고 인간의 모습으로 지상에 오시기 전, 성령을 통하여 자기를 드린 자로서 맡기셨던 것입니다.

그리고 예수님이 행하셨던 놀랍고 위대한 여러 가지 기적들은 예수님께 임하셨던 성령의 권능으로 말미암은 것들이었습니다.

여러분과 저는 오늘날, 성령의 초자연적인 권능의 나타남에 불신감을 가져서는 안된다고 나는 믿습니다.

내가 누군가에게 '당신 자신의 생활에서 하나님이 기적을 행해 주신다고 믿으십시오'라고 말할 때 그 사람이 그 말을 받아들이기가 어려울 때가 자주 있는 것은 왜일까요?

성령의 권능이야말로 세계 최강의 능력입니다. 베드로와 바울, 그리고 구약의 성도들이 하나님의 이 세 번째 위격이신 분에 대해 실로 많은 것을 알고 있었던 사실에 대해, 나는 언제나 놀라곤 합니다.

그들은 절대적으로 성령님을 의지했습니다. 그리고 여러분과 저는 그들이 가졌던 것과 동일한 친밀함, 그분의 권능에 대해 그들이 가졌던 것과 동일한 의식을 가져야 합니다.

우리는 초대교회의 그리스도인들이 성령의 권능에 대해서 알고 있었던 것 만큼 알 권리가 있습니다. 왜냐하면 베드로가 이렇게 말했기 때문입니다.

"우리 주 예수 그리스도의 능력과 강림하심을 너희에게 알게 한 것이 교묘히 만든 이야기를 따른 것이 아니요(나는 그 표현방식을 좋아합니다.) **우리는 그의 크신 위엄을 친히 본 자라**"(벧후 1:16)

이제 잠시 숨을 돌립시다.

베드로가 "**우리는 그의 크신 위엄을 친히 본 자라**"라고 기록했을 때, 그는 무엇을 언급하고 있는 것일까요? 그가 말한 것은 그들이 변화산 위에서 경험했던 놀라운 체험에 대해서였습니다. 그때 예수님은 베드로와 야고보와 요한을 택하셔서 그들을 데리고 높은 산에 올라가셔서 그들 앞에서 모습이 변했습니다(마태복음 17:1-2). 베드로가 말한 것은 자신이 목격자이고, 자신이 경험한 것은 환각(hallucination)이 아니었다고 하는 것이었습니다. 틀림없이 베드로는 그것에 자기의 목숨을 걸 각오였겠지요. 지옥의 모든 세력도 베드로가 본 것을 논박할 수는 없었을 것입니다.

그것은 오늘날도 진실입니다. 나는 그것을 보아왔습니다. 사람이 하나님의 권능의 나타나심, 눈에 보이지 않는 저 위대한 능력을 목격하는 것은 가능합니다. 그가 그 장소에 없었던 사람들에게 그 기적에 대해서 말하면, 들은 그 사람은 모든 방법을 사용하여 해설하고 '그것은 감정적인 경험이다' 라든가 '환상이다' 라든가 하는 식으로 말해 몰아 붙인다거나, 성령의 권능으로 인해 실제로 일어난 것에 뭔가 다른 이유를 들고 나와서 설명하는 경우가 종종 있습니다.

여러분은 베드로가 있는 곳에 가서 '당신이 모세와 엘리야를 보았을 리가 없습니다. 그런 것은 전혀 불가능합니다' 고 말한 적이 있었습니까?

틀림없이 베드로는 이렇게 대답했을 것입니다.

"나는 목격했다니까요!" 무엇을 목격한 목격자입니까?

마태복음 17장 2-4절에 그 답이 있습니다.

✝

"그들 앞에서 변형되사 그 얼굴이 해 같이 빛나며 옷이 빛과 같이 희어졌더라 그 때에 모세와 엘리야가 예수와 더불어 말하는 것이 그들에게 보이거늘 베드로가 예수께 여쭈어 이르되 주여 우리가 여기 있는 것이 좋사오니 만일 주께서 원하시면 내가 여기서 초막 셋을 짓되 하나는 주님을 위하여, 하나는 모세를 위하여, 하나는 엘리야를 위하여 하리이다"

베드로는 자기가 본 것에 매우 흥분하여 그냥 가만히 있을 수 없었던 것입니다. 그가 이렇게 말하는 것이 마치 들리는 듯합니다.
"이것은 오늘날까지 나에게 일어났던 일 중에서 가장 위대한 일입니다! 이것은 내가 잊고 싶지 않은 경험입니다. 우리는 뭔가를 하십시다. 세 개의 초막을 지읍시다. 하나는 예수님을 위해, 하나는 모세를 위해, 또 하나는 엘리야를 위해서입니다. 자, 이제부터 짓기 시작합시다!"
성경말씀은 이렇게 계속되고 있습니다.

"말할 때에 홀연히 빛난 구름이 그들을 덮으며 구름 속에서 소리가 나서 이르되 이는 내 사랑하는 아들이요 내 기뻐하는 자니 너희는 그의 말을 들으라"(마 17:5)

어느 누구도 베드로에게 '조용히 하라'고는 말하지 않았지만, 하나님은 구름과 구름 사이에서 나오는 음성으로 베드로의 주의를 끄셨습니다. 그것은 언제나 여러분의 주의를 끌게 될 것입니다.

그러자 베드로는 조용해졌습니다.

"제자들이 듣고 엎드려 심히 두려워하니"(마 17:6)

베드로는 엎드려졌습니다. 베드로와 야곱과 요한을 엎드려지게 한 것은 성령의 권능이심을 나는 나의 온 마음으로 믿습니다. 그렇습니다. 그들은 몹시 두려웠습니다. 그렇지만 예수님은 그들을 위로해 주셨습니다.

"예수께서 나아와 그들에게 손을 대시며 이르시되 일어나라 두려워하지 말라 하시니 제자들이 눈을 들고 보매 오직 예수 외에는 아무도 보이지 아니하더라 그들이 산에서 내려올 때에 예수께서 명하여 이르시되 인자가 죽은 자 가운데서 살아나기 전에는 본 것을 아무에게도 이르지 말라 하시니"(마 17:7-9)

이 경험이야말로 베드로가 **"우리는 그의 크신 위엄을 친히 본 자라"**(벧후 1:16)라고 말했을 때에 언급하던 것입니다. 그는 자기의 두 눈으로 보았습니다.

✝

"지극히 큰 영광 중에서… 그가 하나님 아버지께 존귀와 영광을 받으셨느니라"(벧후 1:17)

그러고 나서 베드로는 그 변화산상에서 제자들이 자기 귀로 들었던 아버지의 말씀을 정확히 반복합니다. 베드로는 아버지 하나님의 말씀을 인용했습니다.

"이는 내 사랑하는 아들이요 내 기뻐하는 자라 하실 때에 그가 하나님 아버지께 존귀와 영광을 받으셨느니라 이 소리는 우리가 그와 함께 거룩한 산에 있을 때에 하늘로부터 난 것을 들은 것이라"(벧후 1:17-18)

베드로가 자신과 야곱과 요한이 거룩한 산 위에서 예수님과 함께 있었을 때 본 것과 들었던 그 음성은 논박당할 수 없는 것이었습니다.

그렇습니다. 구약의 선지자도 신약의 선지자도, 성령에 의해 그들이 감동받는 대로 기록하고 가르쳤습니다. 그리고 오늘날도 동일한 성령께서 여전히 갈급하고 목마른 심령들에게 예수님을 계시하면서 사람들을 감동시키고 계십니다.

13. 중보하시는 성령님

내가 언제나 놀라는 것입니다만, 성령님의 중요성을 알지 못하는 그리스도인들이 수없이 많이 있습니다.

성령님이 정말 얼마나 중요하신 분이신지 여러분은 깨닫고 계십니까? 성경은 용서받을 수 없는 죄가 있다고 말씀합니다. 그것은 성부 하나님께 대한 죄와 성자 예수 그리스도에 대한 죄가 아니라, 성령님의 인격에 대한 죄입니다. 그 사실로만 보아도 성령님은 매우 중요한 인격이심을 알 수 있습니다.

성부 하나님께 대하여, 범한 죄는 용서받을 수 있습니다. 성자 예수 그리스도께 대하여 범한 어떤 죄도 용서받을 수 있습니다. 그러나 성령님께 대한 죄는 이 세상에서도 오는 세상에서도 용서받을 수 없습니다. 그만큼 성령님은 중요하시고 또한 거룩하신 분입니다.

✝

"그러므로 내가 너희에게 이르노니 사람에 대한 모든 죄와 모독은 사하심을 얻되 성령을 모독하는 것은 사하심을 얻지 못하겠고 또 누구든지 말로 인자를 거역하면 사하심을 얻되 누구든지 말로 성령을 거역하면 이 세상과 오는 세상에서도 사하심을 얻지 못하리라"(마 12:31-32)

기억하십시오. 자주 있는 일이지만 이 세상에서 가장 어려운 것은 완전하신 하나님의 뜻을 아는 것입니다.

여러분은 그것을 경험했던 적이 있을 것입니다. 나도 있습니다. 만일 여러분이 거듭나 있다면, 만일 여러분이 마음을 다해 주님을 사랑하고 있고 성령에 관한 것들을 알고 있다면 이 세상에서 그 어느 것보다도 완전하신 하나님의 뜻을 갈망할 것입니다. 그러나 여전히 때때로 하나님의 완전하신 뜻을 아는 것이 이 세상에서 가장 어려울 때도 있습니다. 비로소 여러분께 상기시켜 드리고 싶은 것이 있습니다.

여러분이 하나님의 완전하신 뜻(God's perfect will) 가운데 있는 한, 곤란이 닥쳐오고 태풍이 휘몰아 닥쳐도 여러분은 평안을 느낄 것입니다. 하나님의 뜻을 따라 걸으려고 할 때 분명한 것은 언제나 태양이 내리쬐는 맑은 날만 계속되는 것은 아니라는 것입니다. 하나님의 뜻을 따라 걸으면 언제나 물질적으로 번영하거나 안락한 길로 가게 하는 것은 아닐지도 모릅니다.

하나님의 인도하시는 손길이 여러분에게 괴로운 경험을 지시할 때도 있습니다. 또 그런 괴로운 경험이 여러분을 집어 삼켜버릴 듯이 느껴지는 때가 있을지도 모르겠습니다.

어두운 밤, 그분의 얼굴을 볼 수도 없는 듯한 장소, 하나님의 음성이 거의 들리지 않는 것 같은 장소를 하나님의 뜻에 따라 통과해야 하는 경우가 있을지도 모르겠습니다.

밧모섬의 요한처럼 여러분은 고독을 느낄지도 모릅니다. 요한은 "나에게 이것이 하나님의 완전하신 뜻일까?" 하고 의문을 가졌던 적은 없었을까요? 바울은 "이 감옥은 나를 위한 하나님의 완전하신 뜻일까?" 하고 곰곰이 생각했던 적은 없었을까요? 나는 이렇게 생각해 본 적이 있습니다. 여러분은 그렇게 생각한 적은 없습니까?

내가 여러분께 확실히 말씀드릴 수 있는 한 가지는 이렇습니다.

여러분이 하나님의 완전한 뜻 가운데 있을 때는 평안이 있을 것입니다. 여러분은 능력을 받게 될 것이며, 나중에 영예를 가지게 될 것입니다.

그렇지만 하나님의 완전하신 뜻과는 별도로, 하나님의 허용적인 뜻(God's permissive will)이라는 것도 있습니다. 그것에 관한 말씀을 읽어 봅시다. 다윗이 이스라엘 백성에 대하여 말하는 부분입니다.

✝

"이에 홍해를 꾸짖으시니 곧 마르니 그들을 인도하여 바다 건너가기를 마치 광야를 지나감 같게 하사 그들을 그 미워하는 자의 손에서 구원하시며 그 원수의 손에서 구원하셨고 그들의 대적들은 물로 덮으시매 그들 중에서 하나도 살아 남지 못하였도다 이에 그들이 그의 말씀을 믿고 그를 찬양하는 노래를 불렀도다 그러나 그들은 그가 행하신 일을 곧 잊어버리며 그의 가르침을 기다리지 아니하고 광야에서 욕심을 크게 내며 사막에서 하나님을 시험하였도다 그러므로 여호와께서는 그들이 요구한 것을 그들에게 주셨을지라도 그들의 영혼은 쇠약하게 하셨도다"

(시 106:9-15)

하나님은 이스라엘 백성에게 그들이 요구하는 것을 주셨습니다. 그러나 그들을 위한 하나님의 완전하신 뜻이 아닌 그 요구를 들어주셨을 때, 하나님은 그들의 혼을 파리하게 했습니다.

그들이 요구한 것은 그들에게 하나님의 차선의 뜻에 지나지 않는 허용적인 하나님의 뜻이었고, 하나님의 완전하신 뜻은 아니었습니다. 그들은 하나님의 완전하신 뜻을 위한 대가를 지불하는 것을 거부했기 때문입니다.

이 책을 읽으시는 독자들 가운데, 인생의 대부분을 하나님의 차선인 하나님의 허용적인 뜻을 따라서 살아온 사람들이 많이 계실 것입니다. 아마도 치르었던 희생은

보다 적었으며, 그것으로 인해 그들은 쉬운 길을 선택했던 것입니다.

중요한 사실을 깨달아야 합니다. 하나님의 뜻에 관해 당신이 이것으로 고투(struggle) 한 적이 있었을 수도 있다는 사실을 나는 알고 있습니다. 그것은 당신에게 극히 중요한 것이었을 것입니다. 나는 인생에서 몇 번이나 그것과 동일한 곤경에 처해 있었던 적이 있습니다. 그리고 내가 여러분께 드릴 수 있는 것은 내 자신이 경험한 적이 있는 것뿐입니다. 그런 경우 나는 어떻게 할까요? 우선 맨 먼저 문제가 되어 있는 것에 대해서 내 자신의 마음이 원하는 것(의지)을 아무것도 가지지 않는 상태로 하려고 합니다. 나는 여러분과 완전히 똑같은 인간이기 때문에 솔직히 말해, 그것은 이 세상에서 가장 어려운 것 중 하나입니다. 우리가 무언가에 직면하여 필사적으로 올바른 판단을 내리려고 할 때, 그 상황에서 자기 자신의 개인적 감정을 제거하는 것이 결코 쉬운 일은 아닙니다. 우리에게는 자기가 하고 싶은 것과 하고 싶지 않는 것이 틀림없이 있기 마련입니다.

우리는 자신이 좋아하는 것이 있습니다. 우리는 자신이 좋아하지 않는 것도 있습니다. 그렇지만 문제가 되는 것에 관해서 자신의 마음도 생각도 스스로가 원하는 것(의지)을 아무것도 갖지 않는 그런 상태가 되기 전에는 하나님의 완전한 뜻을 아는 것은 절대 불가능합니다.

✝

 이때까지 제가 배워온 것이지만 하나님의 뜻이 무엇이든 우리 마음에 그것을 신행힐 각오가 있을 때 우리가 당면한 문제의 10분의 9는 극복된다는 것입니다. 누군가가 참으로 그런 상태에 있을 때, 하나님의 뜻이 무엇인가는 대개 잠시 후 알게 되는 것입니다. 만일 지금 이 시간 당신이 하나님의 뜻과 투쟁하고 있다면, 당신 자신이 원하는 것(의지)을 아무것도 가지지 않는 상태로 당신의 생각(mind)과 마음(heart)을 유지할 것을 권유합니다. 그렇게 할 때 당신이 하나님의 완전한 뜻을 알게되기 까지는 지극히 짧은 시간밖에 걸리지 않을 것입니다.

 그것을 행한 후, 그 결과를 여러 가지 감정이나 단순한 인상에 맡겨서는 안됩니다. 그렇게 하면 당신은 기만 당하고 미혹받기 쉽게 됩니다.

 어떤 사람들은 자기들의 생활을 감정으로 다스리는데, 그렇게 함으로 그들은 스스로를 절망적인 상황으로 몰아넣고 있습니다.

 우리 가운데 누구라도, 스스로 자신에게 문제를 일으켜 버린 때가 있었을 것입니다. 그것은 자기의 감정으로 자기를 다스리려고 하기 때문입니다.

 결코 그렇게 해서는 안됩니다. 만일 당신의 결정이 여러 가지 감정이나 단순한 인상 또는 희노애락의 정서에 기초하고 있다면 당신은 당신 자신을 커다란 기만에 빠지기 쉽게 하고 있는 셈입니다.

그 다음엔 어떻게 할까요?

하나님의 성령의 뜻을 하나님의 말씀을 통하여 찾으십시오. 당신을 위한 하나님의 뜻은 결코 그분의 말씀과 반대되지 않기 때문입니다. 그것은 당신이 죽기까지 신뢰할 수 있는 것입니다. 하나님은 당신을 하나님의 말씀의 예외로 하시는 경우는 결코 없으십니다. 하나님의 말씀은 언제나 진리입니다. 그분의 뜻은 자신의 말씀과 언제나 일치할 것입니다.

이러한 모든 것을 행한 후, 아직도 하나님의 완전한 뜻을 알지 못할 때가 있을지 모르겠습니다. 거기에 성령께서 등장합니다. 그분은 중보해 주시는 분입니다.

"이와 같이 성령도 우리의 연약함을 도우시나니 우리는 마땅히 기도할 바를 알지 못하나 오직 성령이 말할 수 없는 탄식으로 우리를 위하여 친히 간구하시느니라"

(롬 8:26)

기도를 중단하고 이렇게 말해 보십시오.

"나는 어떻게 기도해야 좋을지 모르겠습니다." 그리고 당신 자신을 성령님께 양도해 드리는 그 순간 성령께서는 당신과 당신의 필요를 성부 하나님의 보좌 앞에 제시해 주시는 것입니다.

성령께서는 하나님의 완전하신 마음(mind)과 뜻(will)

을 아십니다. 당신의 마음을 살피시고 당신이 당신 자신을 아는 것보다 당신을 더 잘 알고 계시는 그분께서 당신의 그러한 필요를 하나님의 보좌 앞에 가져오십니다.

그리고 성령께서 당신을 통하여 기도해 주실 때, 당신은 실패할 수 없습니다. 나는 여러분께 간청합니다. 부디 이 비밀을 배우십시오.

그렇게 함으로 당신은 하나님의 완전하신 뜻을 알기까지는 결코 어떤 것도 해서는 안됩니다. 어떤 것도 결정해서는 안됩니다.

잠잠히 있으면서, 성령께서 하나님의 보좌 앞에서 당신을 위해 중보해 주시도록 하십시오. 그렇게 할 때 성령께서 당신을 실망시키는 법이 없습니다.

14. 성령충만한 삶

"내 아들아 나의 법을 잊어버리지 말고 네 마음으로 나의 명령을 지키라 그리하면 그것이 네가 장수하여 많은 해를 누리게 하며 평강을 더하게 하리라 인자와 진리가 네게서 떠나지 말게 하고 그것을 네 목에 매며 네 마음판에 새기라 그리하면 네가 하나님과 사람 앞에서 은총과 귀중히 여김을 받으리라 너는 마음을 다하여 여호와를 신뢰하고 네 명철을 의지하지 말라 너는 범사에 그를 인정하라 그리하면 네 길을 지도하시리라"(잠 3:1-6)

성공적인 인생을 위한 마법과 같은 공식은 무엇일까요? 그것을 스스로 질문해 본 적이 있습니까?

성공을 알고 있는 사람들도 있지만, 한 평생 죽을 때까지 실패자로 남는 사람들이 있는 것은 왜인지 곰곰이 생각해 본 적이 있습니까?

이 마법과 같은 공식은 무엇일까요?

하나님의 말씀을 보면 그것에 대한 대답이 거듭 거듭 반복되어 묘사되어 있는 것을 발견할 것입니다. 지금 읽는 부분의 말씀만이 아닙니다. 성공한 삶을 위한 공식은 하나님의 말씀 가운데 반복하여 발견됩니다.

성경을 기록한 사람들은 이때까지 펜을 잡았던 사람들 중에서 가장 위대한 기자(writer)들이며, 오늘날의 소설가가 수 백페이지에 걸쳐서 묘사하는 이야기일지라도, 성경 기자들은 불과 몇 절로도 묘사할 수 있다는 사실을 나는 발견합니다.

이 하나님의 사람들은 무엇을 가지고 있었습니까? 그들이 가지고 있던 것은 인간을 이해하는 위대한 진리의 깊은 본질이었습니다.

그들은 성령으로 영감받았습니다. 성령은 인간들 이상으로 인간 자체를 아시는 분이십니다.

베드로와 요한에 관하여 내가 몇 번이나 읽은 적이 있는 성경 구절이 있습니다. 이 두 사람에 대하여 생각할 때, 그들은 이상한 한 짝(a stranger pair)이었음을 우리는 인정하지 않을 수가 없습니다. 요한은 침착한 성격이고, 베드로는 언제나 정신이 팔려 있었습니다.

그는 모자를 떨어뜨려도 짜증을 냈을 것입니다. 또한 누군가가 모자를 떨어뜨리지 않아도, 베드로는 마찬가지로 기분 나빠졌을거라고 나는 믿습니다.

그는 결코 자신을 다스리고 조절할 수 있을 것처럼 보

이지 않았습니다.

이 두 사람의 삶에 커다란 변화가 찾아왔습니다. 사도행전 3장 1절에 기록되어 있듯이 어느날 그들이 성전에 기도하러 가는 참이었습니다. 그 성전으로 올라가는 계단에서 구걸하는 한 사람을 만났습니다. 그는 양손을 벌린 채 앉아 있었고, 구걸을 했습니다. 그는 태어나면서부터 앉은뱅이였습니다. 그는 매일 아침 다른 사람에 의해 그곳으로 옮겨져 왔으며 밤에는 집으로 옮기워졌습니다. 그는 하루종일 거기 앉아서 '자비를 베풀어 달라'고 외치면서 기다리고 있었습니다.

확실히 사람들은 그의 양손에 돈을 쥐어 주었지만, 그것으로 그의 문제가 해결된 것은 아니었습니다.

그의 곁을 지나는 사람들 모두가 그들의 가진 모든 것을 그에게 주었을지라도 그것으로 그의 문제는 해결되지 않았을 것입니다. 왜냐하면 그의 문제는 단순히 돈만의 문제가 아니고, 패배(defeat)의 문제였기 때문입니다. 베드로와 요한은 돈이 거의 없었을지도 모르지만 자신들의 주머니에서 돈을 꺼내려고 생각하면 그렇게 할 수도 있었을 것입니다. 그러나 그렇게 할지라도 이 사람이 필요로 하는 것을 제공하기란 불가능했을 것입니다.

그는 여전히 다리가 부자유했을 것입니다. 두 사람이 보니, 그 거지가 옆을 지나가는 사람들을 눈을 들고 쳐다보고 있지 않는 것을 알아차렸습니다.

그는 매일 매달 매년 성전 미문 앞에 있었습니다. 그곳을 다니는 사람이라면 누구라도 그를 보았습니다.

요한과 베드로는 의심할 바 없이 서로 쳐다보았을 것이며, 그리고 생각했을 것입니다.

"우리가 이 가난한 형제를 어떻게 할 수 있을까"

그러자 언제나 말이 앞서는 베드로는 그 거지에게 말했습니다.

"우리를 보라"(행 3:4)

틀림없이 베드로의 음성에는 힘이 들어가 있었을 것입니다. 그렇지만 힘 이상의 뭔가가 있었습니다. 거기에는 사랑이 있었습니다. 그 사랑이 하나님의 사랑이라면 그것은 전달되는 것입니다.

베드로의 음성으로 전해진 그 사랑에 의해 그 거지는 천천히 그리고 고통스럽게 고개를 들었습니다. 그리하여 그의 약하고 눈물을 머금은 눈은 얼굴을 아래로 향한 베드로의 시선과 마주쳤습니다. 베드로의 얼굴은 친절함이 있었고 주름져 있었지만 강인함도 있었습니다. 갈릴리 호수가에서 살았기 때문에 햇빛에 그을린 흔적도 있었습니다. 그렇지만 또한 안에서부터 발산되는 광채가 그의 얼굴에 빛나고 있었습니다.

이미 베드로와 요한은 마가의 다락방에서 성령이 사

람들 위에 임하셨을 때 성령으로 충만 받았습니다. 성령께서 그곳에 임하셨을 때에 한 마음이 되어 있던 사람들 가운데 이 두 사람도 있었던 것입니다.

바람이 불어오는 격렬한 소리를 그들은 듣고 있었습니다. 그들은 그곳에 있었습니다. 그리고 지금, 성령께서는 그들과 함께 계실 뿐만 아니라, 그들의 안에도 계셨습니다. 그들의 깊은 내면으로부터 생수의 강이 흘러 나오고 있었습니다. 그 거지가 그 두 사람을 올려다보자 그는 '그 두 사람에게는 뭔가 다른 것이 있다'는 것을 알았습니다. 그들의 말에 어떤 능력이 있었던 것입니다.

당신은 누군가 패배 가운데 있는 사람에 대하여 '나를 보라'고 말할 수 있겠습니까? 삶으로부터 뭔가가 비추어져 나올 정도로, 당신은 성령과 하나님의 능력으로 충만되어 있습니까? 당신이 어머니로서 아직 구원받지 못한 당신의 남편, 혹은 아직 구원받지 못한 당신의 딸이나 십대의 아들에게 설교를 하거나 잔소리를 할 필요가 없을 정도로 당신은 성령으로 충만한 삶을 살고 있습니까? 패배의 삶을 살아가는 불신자를 예수 그리스도께로 끌어오는 자력과 같은 능력이 있습니다. 그리고 베드로는 그 거지에게 말했습니다.

"나사렛 예수 그리스도의 이름으로 일어나 걸으라"(행 3:6)

그 사람은 자기가 들었던 말을 거의 믿을 수 없었습니다. '그러나 나는 젊어서부터 다리가 부자유스러웠다. 그건 도저히 불가능하다'라고 그는 생각했을지도 모릅니다.

여러분도 아시다시피, 오랫동안 투옥되어 수감생활을 해온 사람들은 비록 그들이 쇠사슬을 싫어하고 자유를 위해 기도한다고 생각할지라도 참으로 자유케 되려는 용기가 없는 경우도 있습니다. 베드로가 "나사렛 예수 그리스도의 이름으로 일어나 걸으라"고 명령을 되풀이하자, 그 거지는 손을 베드로에게 내밀었고 베드로는 그 손을 움켜 잡았습니다.

거지는 자신의 모든 체중을 이전에는 결코 사용한 적이 없는 복사뼈에 실었습니다. 그때의 놀람과 기쁨의 표정, 그의 눈에 가득하던 기쁨은 말로는 표현할 수 없었습니다.

"오른손을 잡아 일으키니 발과 발목이 곧 힘을 얻고 뛰어서서 걸으며 그들과 함께 성전으로 들어가면서 걷기도 하고 뛰기도 하며 하나님을 찬송하니"(행 3:7-8)

어느 시대에도 이 권능은 사람들을 일으켜 세워 왔습니다. 지금 이 책을 읽고 있는 사람들 중에 너무나도 오랫동안 의심 가운데서 살아왔기 때문에 이런 일이 일어났다고는 믿지 않는 사람들이 분명히 있을 것입니다. '이 우주에는 기적의 능력이며, 이 세상 최강의 능력, 성령의 초자연적인 능력이 있다'는 사실을 그들은 믿지 않습니다.

오, 나의 사랑하는 친구 여러분, 그런 권능은 진실로 있습니다. 그것은 실재입니다.

현대 과학은 우리의 일상생활에 많은 혁신을 가져 왔습니다. 25년 혹은 30년 전에는 꿈에도 가능하리라고 생각하지 않았던 여러 가지 능력들이 도입되어 왔습니다. 그렇지만 지상에 있는 어떤 능력보다도 더 위대한 권능이 존재하고 있습니다. 그것은 성령의 권능이며, 그것은 베드로와 요한이 그 거지에게 손을 내밀었을 때에 나타났던 것입니다.

"내 아들아 나의 법을 잊어버리지 말고 네 마음으로 나의 명령을 지키라 그리하면 그것이 네가 장수하여 많은 해를 누리게 하며 평강을 더하게 하리라 인자와 진리가 네게서 떠나지 말게 하고 그것을 네 목에 매며 네 마음판에 새기라 그리하면 네가 하나님과 사람 앞에서 은총과 귀중히 여김을 받으리라 너는 마음을 다하여 여호와를 신뢰하고 네 명철을 의지하지 말라 너는 범사에 그를 인정하라 그리하면 네 길을 지도하시리라"(잠 3:1-6)

✝

  삶을 위한 비밀한 공식, 마법과 같은 공식은 오직 한 분 안에서만 발견되어 집니다. 그분은 주 예수 그리스도입니다. 그리스도를 통하여 우리에게 성령의 내주하시는 임재가 주어졌으며, 우리 존재의 가장 깊은 곳에서 그분의 생수의 강이 흘러나오는 것입니다.

15. 우리의 힘과 우리의 보호

만일 내가 "예수 그리스도는 인격이 있으신 분입니까? 당신은 그분과 개인적인 교제를 의식하고 있습니까?"라고 물어보면 당신은 틀림없이 "그렇습니다."라고 대답하리라 생각합니다. 만일 내가 같은 질문을 성부 하나님께 대해 물어본다면 예수님과의 관계만큼 가깝고 친밀하진 않더라도 "성부 하나님은 인격이 있으신 분이라고 느낍니다."라고 대답할 것입니다.

마지막으로 내가 "성령님은 인격이 있으신 분입니까? 당신은 그분과 개인적인 관계와 친밀한 교제를 의식하고 있습니까?"하고 물어본다면 아마도 "나는 성령님과의 개인적 교제를 참으로 의식했던 적은 한번도 없습니다."라고 대답할 것입니다. 나에게 이런 질문조차 할 지도 모르겠습니다.

"어떻게 하면 나는 성령님과 개인적인 친교를 가질 수 있을까요?"

우선 맨 먼저 성령께서는 한 분의 인격이심을 우리에게 분명히 보여주고 있는 말씀을 몇 구절 찾아 보겠습니다. 다음에 성령께서는 하나님이심을 보는 것으로 하겠습니다.

자신에게 현실적으로 실제 인격자가 아닌 누군가와는 어느 누구도 친교를 가질 수 없음을 우리는 알고 있습니다. 그러므로 우선 맨 먼저 성령께서 한 분의 인격적인 분이시며, 성령께서 하나님이심을 우리는 하나님의 말씀으로부터 증거를 가져야 합니다.

보편적으로 인격의 범주는 세 가지 영역으로 분류되는데, 지성(intellect), 감성(emotion), 그리고 의지(will)입니다. 지성으로 사람은 뭔가를 알고 생각하고, 또 이해할 수 있습니다.

그러므로 나는 내 자신이 한 사람의 인격적 존재임을 알고 있습니다. 여러분이 여러분 자신을 한 사람의 인격자임을 확신할 수 있는 것은 여러분에게 지성이 있기 때문입니다. 그리고 사람들이 느끼거나 사랑할 수 있는 감성적인 능력이 있습니다.

마지막으로 의지가 있는데, 그것으로 사람은 행동하거나 결단할 수 있는 것입니다. 여러분이 한 사람의 인격적 존재임을 증명할 수 있는 것은 여러분이 생각하기 때문이고 사랑하기 때문이며, 또 자신의 의지를 행동으로 옮길 수 있기 때문입니다. 그리고 성령께서 이러한 세 가지 기능을 가지고 계신 것을 하나님의 말씀을 통해 알게 되면, 성령은 한 분의 인격자라는 결론을 내리지 않을 수 없게 됩니다. 고린도전서 2장 10-11절에 성령께서 자신의 지성의 기능을 분명히 드러내는 사역이 기록되어 있는데, 성령에 관해 이렇게 말씀합니다.

"오직 하나님의 성령으로 이것을 우리에게 보이셨으니 성령은 모든 것 곧 하나님의 깊은 것까지도 통달하시느니라 사람의 일을 사람의 속에 있는 영 외에 누가 알리요 이와 같이 하나님의 일도 하나님의 영 외에는 아무도 알지 못하느니라"

바울은 여기서 하나님의 영, 즉 성령께서는 무엇인가를 알고 있으시므로 성령께서 지성을 소유하고 있다고 말하는 것입니다. 그렇다면 하나님의 영은 무엇을 알고 계신 것일까요? 성령께서 알고 계신 것은 하나님의 깊으신 것들, 즉 아버지 안에 있는 모든 것, 그리고 하나님의 진리에 속한 모든 것입니다. 아버지 안에 있는 그러한 것들은 성령에 의해 이해되며, 알게 됩니다. 성령께서는 하나님에 관해 알고 계시므로 우리에게 하나님을 계시해 주실 수 있으며, 성령께서는 아버지의 깊으신 뜻을 아시므로 그것을 우리에게 계시해 주실 수 있습니다.

✝

　나는 내가 경험했던 것외에 여러분에게 줄 수 있는 것은 아무것도 없습니다. 누구라도 자기가 알지 못하는 것을 가르칠 수는 없습니다. 좋은 교사의 필요조건 가운데 하나는 그 사람이 자기가 가르치는 주제를 반드시 알아야 하는 것입니다. 그러므로 만일 성령께서 그리스도에 대한 여러 가지를 가르칠 수 있고, 성령께서 성부와 성자에 대한 여러 가지 것들을 계시할 수 있으시다면, 그것은 성령께서 하나님에 관한 여러 가지 것들을 알고 계시기 때문이며, 또 성령께서 알고 계시는 것은 지성의 기능을 가지고 있기 때문입니다. 그분은 아는 능력을 가지고 계시며, 그것은 참된 인격자에게 필요한 요소들 중 하나입니다. 에베소서 4장 30절을 봅시다. 여기엔 성령의 감정적인 능력에 대해서 알 수 있는 한 가지 실마리를 제공해 주고 있습니다.

"하나님의 성령을 *근심하게 하지 말라 그 안에서 너희가 구원의 날까지 인치심을 받았느니라"

　깊은 슬픔(grief)은 감정적 기능의 한 가지가 드러나는 것입니다. 사람은 슬퍼할 수 있기 이전에 사랑할 수 있는 능력이 있어야 합니다.

---
　* 여기에서 우리말로 근심으로 표현된 것은 영어로는 grieve(슬픔 또는 비탄을 나타냄)이다.

성령께서 슬픔을 당하고 근심케 될 수 있다는 사실은 죄로 인해, 자신의 마음이 상처받을 수 있는 감정기능을 성령께서 가지고 계신다는 사실을 나타내주고 있는 것입니다. 그것이야말로 내가 대단히 주의하는 것 중 한가지입니다.

나는 성령을 슬프게 해드리는 일이 없도록 성령님께 매우 민감합니다. 이 말씀이 내게는 얼마나 중요한지 여러분은 결코 알지 못할 것입니다.

"하나님의 성령을 근심하게 하지 말라" 그것은 내가 그분의 노여움(wrath)을 두려워 한다는 의미가 아닙니다. 그것은 내가 그분을 사랑하고 있기 때문이고, 나는 너무나도 그분을 의지하고 있기 때문에, 어떤 것으로도 하나님의 성령을 슬프게 해드리는 일이 없도록 하고 있습니다.

바울은 그것을 이해하고 있었습니다. 그러므로 바울은 우리에게 그렇게 명령했습니다. 그는 성령님께 감정적인 기능이 있음을 우리에게 나타내 보여주었습니다.

나는 이렇게 놀라운 성령님의 인격에 대해 내 인생의 매일 매일 많은 것을 배우고 있습니다.

성령님께는 유모어 감각이 있으시다고 나는 믿고 있습니다. 내가 집회를 대단히 즐기고 있는 이유 중 하나는 그것 때문이라고 나는 생각합니다.

성령님께는 슬퍼하고 탄식하기(weeping) 위한 기능뿐만 아니라, 웃음과 기쁨과 평강을 위한 기능도 있습니다. 만일 여러분이 평강의 기능에서 성령님을 알지 못하면, 여러분이 무엇을 실수했는지 알지 못하게 됩니다.

고린도전서 12장 11절부터 사도 바울은 영적 은사에 대해 가르치고 있는데, 이렇게 기록하고 있습니다.

"이 모든 일은 같은 한 성령이 행하사 그의 뜻(will)대로 각 사람에게 나누어 주시는 것이니라"

바울은 여기서 영적인 은사가 주어지는 것은 하나님의 성령의 의지(뜻)에 의한 행위의 결과라고 말하고 있습니다. 그러한 의지(will)의 기능은 성령의 것으로 바울은 분명히 말하고 있습니다.

이러한 세 부분을 종합해 보면, 성령님께서는 지성의 기능이 있어서 알 수 있으며, 감정의 기능이 있어서 사랑하실 수 있다는 것을 알 수 있습니다. 그리고 그분을 사랑할 수도 있기 때문에 그분의 사랑에 대해 죄를 범할 수도 있습니다.

마지막으로 그분에게는 의지(will) 기능도 있으므로, 그분은 결단하여 행동을 실행하실 수 있습니다.

그렇기 때문에, 성령님은 어떤 영향력이 아니라고 말할 수도 있습니다. 그분은 하나님으로부터 발산되는 능력이 아니고, 하나님의 인격이 드러난 것도 역시 아닙니다.

성령은 한 분의 인격자로서 당신이 한 사람의 인격자이신 것과 마찬가지입니다. 우리는 성령에 대해서 생각할 때, 인격자로서의 기능 외에 어떤 기능도 결코 다시 생각할 필요가 없습니다. 나는 지극히 중요한 것을 위해 토대를 놓아 왔습니다. 만일 당신이 한 사람의 인간이라면(실제로 그렇습니다만) 세상과 육과 악마의 세 가지 원수와 싸우고 있습니다. 주 예수 그리스도를 믿는 자들에 대한 공격이 한 방향에서 오고 있다고 해서, 적은 언제라도 그것과 같은 방향으로만 공격해 온다고 제한할 수 없으며, 그리고 침입해 오는 다른 곳을 파수할 필요가 없다는 것도 아닙니다.

안에 있는 원수, 즉 육(flesh)의 성질에 대한 유일한 방어는 하나님의 성령께 의식적으로 의지하는 것입니다. 여러분과 내가 이 세상이라는 원수에 대한 유일한 방어도 역시 성령께 의식적으로 의지하는 것입니다.

우리가 인식하지 않으면 안되는 것이 몇 가지 있습니다. 유다서 1장 9절에서 우리의 원수인 마귀에 대해 매우 흥미있는 사실을 말하고 있습니다.

"천사장 미가엘이 모세의 시체에 관하여 마귀와 다투어 변론할 때에 감히 비방하는 판결을 내리지 못하고 다만 말

하되 주께서 너를 꾸짖으시기를 원하노라 하였거늘"

성경의 이 구절은 사단에게 속한 능력에 대해 언급하고 있습니다. 여러분과 나는 언제나 사단의 능력을 생각하는 것은 아니라고 생각합니다. 사단의 능력보다도 위대한 유일한 권능이 존재하는데, 그것은 하나님의 권능입니다.

천사장 미가엘은 사단과 논쟁하기에 충분한 능력이 없었습니다. 그는 모세의 시체에 관해 사단을 패배시키기 위해 하나님의 권능을 요청해야 했습니다. 만일 이 천사장에게 사단을 대항할 능력이 없었다면 하물며 우리는 어떻게 사단을 대적하여 일어서기를 기대할 수 있겠습니까?

사단이 가지고 있는 초자연적인 능력은 인간이 지닌 능력보다 뛰어난 능력입니다. 그는 보이지 않는 원수입니다. 그는 혈과 육(blood and flesh)의 모습으로 우리를 대적하여 나타나는 것이 아닙니다. 사도 바울은 이렇게 기록하고 있습니다.

"우리의 씨름은 혈과 육을 상대하는 것이 아니요…"(엡 6:12)

만일 우리가 누군가 다른 사람과 싸우고 있다면 적의

약점을 알 것입니다. 그렇지만 우리가 싸우고 있는 상대는 "정사(principalites)와 권세(powers) 그리고 이 어두움의 세상 주관자들과 하늘에 있는 악의 영들"입니다. 바울이 가르치고 있는 것처럼 사단은 조직화 된 하나의 체계를 가지고 있습니다. 사단은 그 우두머리이고, 우리의 원수는 언제나 멸망시키는 일에 혈안이 되어 있습니다. 그러므로 베드로가 이렇게 기록하고 있는 것입니다.

"근신하라 깨어라 너희 대적 마귀가 우는 사자 같이 두루 다니며 삼킬 자를 찾나니"(벧전 5:8)

이것은 패배를 묘사하고 있다고 여러분은 말할지도 모르겠습니다. 그러나 그렇지는 않습니다! 남성이든 여성이든 그 사람이 스스로 패배에 동의하지 않는다면, 누구도 결코 패배할 필요가 없습니다. 왜 일까요? 그 비밀은 이사야 59장 19절에 기록되어 있습니다.

* **"대적이 홍수처럼 몰려올 때(사단 즉, 당신의 원수인 악마가 홍수처럼 몰려올 때) 주의 영(성령)이 그를 대적하여 몰아내시도다"**

---

* 개역개정에는 "여호와께서 그 기운에 몰려 급히 흐르는 강물 같이 오실 것임이로다"로 표현되어 있지만, 영어성경 New King James Version에는 "When the enemy shall come in like a flood"로 되어 있으므로 급히 흐르는 하수처럼 오는 주체는 여호와가 아니라 원수를 의미하는 것이 정확하다.

이것은 성령이 한 분의 인격자이신 것을 긍정하는 증거입니다. 우리는 삼위일체 하나님의 세 번째 위격이신 분의 강력하신 권능과 인격을 반드시 알아야 합니다. 그분은 우리를 위해 싸우고 있는 어떤 영향력 이상의 분이십니다. 그분은 신비로운 분이 아닙니다.

인격이신 성령님이 계시므로, 우리는 패배 가운데 빠져 들어갈 필요는 없습니다. 원수가 홍수처럼 밀려올 때, 주님의 영이신 성령께서 원수를 내쫓아 버리십니다.

사랑하는 여러분, 지금 왜 내가 그토록 성령께 열중하고 있는지 아마 이제는 이해하실 수 있을 것입니다. 그분은 저를 보호하시는 분이시며 저의 힘이십니다. 그리고 그분은 또한 여러분의 보호가 되시고, 여러분의 힘이 되실 준비가 되어 기다리고 계십니다!

16. 성령님을 통한 승리

01 세상에는 두 가지 세력이 있는데, 악의 세력과 의의 세력입니다. 또 몇 세대나 걸쳐서 계속되어온 큰 전쟁이 존재합니다. 하나님과 사단 사이의 전쟁입니다.

전에 내가 몇몇 젊은이들 앞에서 이야기 했을 때, 한 젊은이가 이런 질문을 했습니다.

"왜 하나님은 악마(the devil)를 만드셨을까요?"

그들에게 나는 이렇게 대답했습니다.

"하나님이 악마를 만드신 적은 한번도 없습니다."

설명해 드리지요. 이사야서 14장에서 루시퍼는 한때 모든 피조물 중에서 가장 아름답고 가장 지혜로운 자 가운데 하나였음을 알 수 있습니다. 여러분도 알고 있듯이 천사들은 피조물입니다.

하나님이 사람을 창조하시기 전에, 하나님은 천사들의 군대(legions)를 창조하셨습니다. 천사들을 창조했을 때, 하나님은 미가엘, 가브리엘, 루시퍼 이들 세 천사에게 다른 천사들보다 더 큰 권능을 주셨습니다. 하나님의 말씀을 보면 루시퍼는 아침의 아들로 불리워지며, 하나님이 창조하신 모든 천사들 중 삼분의 일을 관장하는 권위와 지위를 주셨습니다.

어느 날 루시퍼가 하나님의 권위와 권능과 예배에 대해 하나님을 질투하고 있음이 명백히 드러났습니다.

루시퍼는 "지극히 높은 이와 같아지리라"(사 14:14)고 말하고 하나님의 보좌를 빼앗기 위해 하늘로 올라가기 시작했습니다. 이렇게 해서 우리에게 기록으로 남겨져 있는 것 중에서 맨 처음의 죄는 질투(jealousy)와 탐욕(coveting)의 죄입니다.

그리고 어떤 일이 일어났습니다. 하나님은 노하심으로 루시퍼를 땅으로 내던져 버렸습니다.

그에게서 그의 능력을 제거하시지는 않고, 그를 몸이 없는 영(disembodied spirit)으로 남겨 두었습니다.

나는 종종 '왜 하나님은 루시퍼의 능력을 제거하지 않으셨을까?' 하고 생각했던 적이 있습니다만, 하나님께서 제거하시지 않으신 것은 확실합니다. 그러므로 우리의 원수는 결코 어중이가 아니며, 또한 약한 겁쟁이도 아닙니다. 우리의 원수, 사단 즉 악마는 자신의 영역 안에서 권위를 가진 군주입니다. 사단보다도 위대한 권능을 가지신 분은 단 한 분이신데, 그분은 하나님입니다.

✝

　당신이 이 악마와 논쟁할 때 그것은 결코 사소한 일이 아닙니다. 당신이 사단과 그의 능력에 대해 말할 때 그것은 결코 하찮은 것이 아닙니다.

　고린도후서 4장 4절에서 사단은 이 세상 혹은 이 세대의 신이라고 말하고 있습니다.

"그 중에 이 세상의 신이 믿지 아니하는 자들의 마음을 혼미하게 하여 그리스도의 영광의 복음의 광채가 비치지 못하게 함이니"

　여러분은 '가족 중의 누군가 또는 그 이웃 사람이나 그 친구는 왜 영적인 것들을 이해하지 못하는 걸까?' 하고 의아하게 생각했던 적이 있겠지요?

　여기 여러분을 위한 대답이 있습니다. "그 중에 이 세상의 신(사단)이 믿지 아니하는 자들의 마음을 혼미하게 했기 때문"입니다.

　사단은 여러분에게도, 어떤 인간에게도, 하나님을 믿지 못하게 하고자 필사적으로 노력합니다. 그러므로 그에게는 참으로 믿지 아니하는 자들의 생각을 혼미케 하여 그리스도의 영광의 복음의 광채가 비취지 못하게 하는 능력이 있는 것입니다.

　사단은 통치하는 것에서만 아니라, 종교적인 면에서도 뛰어난 지위로 자신을 높여 왔습니다. 그는 전능하신 하나님께 속한 예배를 요구하고 있습니다. 그는 여러 가지 거짓 종교단체의 기만을 통하여 인간들에게 자기를 경배하도록 합니다. 당신이 얼마나 종교적인가 하는 것은 그에게 관심이 없습니다. 사실 그는 당신이 종교적이길 원하고 있습니다. 그러나 종교적인 것과 거듭난 그리스도인이 되는 것 사이에는 커다란 차이가 있습니다.

사단을 숭배하는 사람들은 반드시 종교심을 없애야 할 필요가 없으며, 종교의 적이 되어야 할 필요도 없습니다. 뿐만 아니라 사단의 지배를 받아 멸망당하는 데도 종교의 적이 되거나 종교심을 없앨 필요가 없는 것입니다.

그러므로 아시다시피, 이 마지막 시대(확실히 지금은 교회시대의 마지막 때입니다만) 예언은 시시각각으로 성취되고 있습니다. 그러나 하나님의 영이 우리에게 경고하셨듯이 우리는 이 마지막 시대에 종교에서 강력한 기만들과 거짓된 것들을 주의해야 합니다.

예수님께 대해서 이야기하는 것과 살아계신 하나님의 아들로서 그분을 영접하는 것과는 전혀 별개의 것입니다. 여러분이 예수님에 관해 이야기한다면 사단은 개의치 않습니다. 남자도 여자도 젊은이도 모두 예수님을 단지 한 인간의 훌륭한 모범자로서 보고, 또 역사상의 가장 위대한 사람으로서 밖에 보지 않는다면 사단은 그것을 매우 기뻐할 것입니다. 사단은 그것에 전혀 마음 쓰지 않습니다.

그러나 사람이 자신의 개인적인 구세주로서 살아계신 하나님의 아들을 영접할 때, 그는 그냥 있지 않습니다. 그것은 전혀 별개의 것입니다. 그것은 사단의 분노를 자아내게 합니다.

내가 지금 말하고 있는 것은 매우 중요한 것입니다. 여러분이 어떤 종교단체의 열렬한 신봉자가 되어도, 만일 그것이 주 예수 그리스도를 중심으로 한 것이 아니며, 전능하신 하나님의 주권을 인정하지 않는 것이라면, 그것은 사단의 위조품을 중심으로 하는 종교단체입니다. 그래서 사단이 이 세상 신이라고 불리워지는 것은 지극히 당연한 것입니다.

그는 언제나 속임수로 역사합니다. 예수님은 사단을 거짓말쟁이이며, 거짓의 아비라고 말씀하셨습니다(요한복음 8:44). 사단은 그런 자이기 때문에, 그는 진리를 따라 움직이지 않습니다. 그는 진리라고 하는 어떤 것도 인정하지 않습니다. 참으로 그의 성품은 속이고 기만하는 성품이며, 오늘날 전세계적으로 큰 미혹과 기만이 존재하고 있습니다.

기억하십시오. 주 예수 그리스도야말로 길이요, 진리요, 생명입니다(요한복음 14:6). 진리는 한 분의 인격자를 중심으로 하는데, 그분은 하나님의 아들 예수 그리스도입니다.

✝

　진리가 하나님으로부터 인간에게 계시되는 것은 예수 그리스도를 통해서이며, 이분이 바로 진리이십니다. 사단은 하나님의 영역과는 전혀 다른 영역에서 활동하고 있습니다. 하나님은 언제나 진리 가운데서 역사하시기 때문에, 사단은 그 반대의 영역 즉, 거짓과 기만의 영역에서 역사합니다. 사단은 거짓말쟁이입니다. 사단은 속이는 자입니다. 그는 거짓의 아비입니다.

　그리고 바울은 사단은 믿지 아니하는 자들의 마음을 혼미케 함으로 역사한다고 말합니다.

　여러분도 아시다시피, 마음(mind)은 진리를 받아들이거나 진리를 흡수하는 기능을 합니다. 그런데 만일 사단이 거짓말을 떠벌린다면, 무엇보다도 우선적으로 사람들이 사단의 기만과 속임수를 알아차리지 못하도록 인간의 지각력을 어둡게 해 버립니다.

　만일 당신이 사단은 진리를 속이고 기만하는 자임을 알고 있다면 경계할 것입니다. 그렇지 않은 경우에는 우선 먼저 사단은 자신이 큰 사기꾼이라는 사실에 대해 당신 마음을 속이기 위해 혼미케 하지 않으면 안되므로 그렇게 해서 당신이 그의 속임수를 눈치채지 못하게 해야 하는 것입니다.

　그러므로 사단은 실제는 거짓을 제공하고 있지만, 진리를 제공하고 있다고 사람들이 믿도록 속이기 위해, 먼저 빛의 천사로 변장해야 하는 것입니다. 자, 이것에 대한 말씀이 요한계시록 20장 2-3절에 기록되어 있습니다.

"용을 잡으니 곧 옛 뱀이요 마귀요 사탄이라 잡아 천 년 동안 결박하여 무저갱에 던져 넣어 잠그고 그 위에 인봉하여 천 년이 차도록 다시는 만국을 미혹하지 못하게 하였는데 그 후에는 반드시 잠깐 놓이리라"

이 세상에서 사단의 활동을 특징짓는 것은 그가 나라들을 미혹하는 것입니다. 그리고 그는 지금 이 시대에 이르기까지 인간들을 미혹하기를 계속하고 있습니다. 그의 활동은 진리에 대해서 사람들을 속이고 어둡게 하는 것입니다. 예수 그리스도는 진리입니다.

열방과 열방의 지배자들 사이에서 그리고 열방의 지도자들 사이에서, 진리에 대한 눈을 어둡게 하는 사단의 활동은 아주 소름끼칠 정도입니다.

많은 사람들이 이 공중 권세 잡은 군주를 따르고 있으며, 그의 체계 안에서 노예가 되어 있습니다. 이 공중 권세 잡은 군주(사단)의 기만이 그들의 철학이 되어버렸습니다.

오늘날의 상황은 참으로 큰 기만으로 가득차 있으며, 인간의 지성은 이 커다란 기만으로 옷 입혀져서 그들의 지성과 육체 위에서 억압하는 원수의 큰 권능을 깨닫기 시작조차 못하고 있습니다.

✟

이 원수는 결코 진리를 실행하지 않습니다. 그는 언제나 큰 사기꾼입니다.

에베소서 6장 11절에서 사도 바울은 이 사실을 언급하고 우리가 해야 할 것을 지적하고 있습니다.

"마귀의 간계를 능히 대적하기 위하여 하나님의 전신 갑주를 입으라"

바울이 살았던 당시, 바울은 내가 지금 말하고 있는 것을 분명히 알고 있었습니다. 우리에게 경고했던 것은 바울이지만, 이 위대한 계시를 바울에게 주신 분은 성령이셨습니다.

바울은 악마와 싸웠으며, 사단과 또 그의 능력과 거듭거듭 직면하게 되었습니다. 그래서 성령께서는 바울을 통하여 하나님의 모든 갑옷을 입도록 여러분과 나에게 지시하고 있습니다.

그것은 우리가 악마의 여러 가지 궤계를 대항하여 설 수 있도록 하기 위해서입니다. 사단은 공식적이고 정당하게 우리에게 싸움을 걸어오리라고 기대할 수 없습니다. 그는 매우 영악하고 교활하기 때문에 결코 그렇게 하지 않습니다.

우리의 원수는 우리가 예측할 수 있는 자가 아니며, 자신이 하려는 것을 우리가 정확히 알아차리도록 행동하는 자도 아닙니다.

왜냐하면 그는 진리처럼 보이게 하기 때문입니다.

우리에게 어떤 해도 아닌 것처럼 보이는 것일지도 모릅니다. 처음에는 죄가 아닌 것처럼 보일지도 모르지만, 그것은 점점 더 커져가는 것입니다. 마약의 덫에 걸려든 젊은이들에게 말해 보십시오. 그러면 그들은 죄라고 생각지도 않고 그것을 시작했던 것을 인정할 것입니다.

지금 제가 하는 말에 귀를 기울여 주십시오. 이 원수는 기만과 사기로 지배하는 원수입니다.

그는 혈육(flesh and blood)의 모습으로 우리에게 대항하여 나타나지 않습니다. 그러므로 바울 사도는 "**우리의 씨름은 혈과 육을 상대하는 것이 아니요**"(엡 6:12)라고 말했던 것입니다.

만일 우리가 다른 사람과 싸운다면, 우리는 상대방의 약점을 알고, 어디를 쳐서 공격해야 할지 알 것입니다. 그렇지만 여러분, 여러분을 위한 좋은 소식이 있습니다. 남자, 여자 누구일지라도, 아직 승리가 있습니다.

당신은 그 승리를 움켜 잡기만 하면 됩니다. 그 승리는 살아계신 하나님의 아들 예수 그리스도 안에서 발견됩니다.

그러므로 여러분도, 나도 하나님의 그 능력이 필요합니다. 왜냐하면 사단의 능력보다도 위대한 것은 오직 하나의 권능, 한 분의 인격자이시기 때문입니다. 그 권능

✝

이란, 한 분의 인격자이신 성령님에 의한 주 예수 그리스도의 권능입니다.

당신이 그리스도를 자신의 구주로서 영접했다면 단 일회전에서도 패배할 필요가 없습니다. 왜냐하면 여러분도 나도 **"이 모든 일에 우리를 사랑하시는 이(그리스도)로 말미암아 우리가 넉넉히 이기느니라"**(롬 8:37) 때문입니다.

예루살렘에서 Kathryn Kuhlman
1974년

홍콩의 roof-top학교의 학생들과 함께 한 Kathryn

Kathryn Kuhlman 의 기적의 집회

피츠버그 제일 장로교회 성가대와 Kathryn Kuhlman

제 3부 성령님의 인치심

17. 거듭남
18. 하나님의 원하심
19. 그리스도 안에 있는 우리의 상속
20. 성령께서 슬퍼하실 때
21. 우리의 의지를 성령의 다스리심 아래 두는 것

⊙ 여러분을 위한 나의 기도
⊙ 성령님에 관한 질문들
⊙ 기적을 필요로 하는 분들을 위해서
⊙ 독자들에게 드리는 말씀

17. 거듭남

나는 때때로 많은 그리스도인들이 그리스도의 몸 안에서의 믿는 자의 입장을 충분히 이해하고 깨닫고 있는 걸까? 하고 생각해 봅니다.

사실 내 자신이 그리스도 예수 안에서 자신이 상속받고 있는 모든 것을 충분히 이해하고 깨닫고 또 소유하고 있는 것일까? 하고 줄곧 생각해 왔습니다.

이런 생각을 하면서 에베소서 1장 3절부터 14절까지 읽어보도록 하겠습니다.

"찬송하리로다 하나님 곧 우리 주 예수 그리스도의 아버지께서 그리스도 안에서 하늘에 속한 모든 신령한 복을 우리에게 주시되 곧 창세 전에 그리스도 안에서 우리를 택하사 우리로 사랑 안에서 그 앞에 거룩하고 흠이 없게 하시려고 그 기쁘신 뜻대로 우리를 예정하사 예수 그리스도로 말미암아 자기의 아들들이 되게 하셨으니 이는 그가 사랑하시는 자 안에서 우리에게 거저 주시는 바 그의 은혜의 영광을 찬송하게 하려는 것이라 우리는 그리스도 안에서 그의 은혜의 풍성함을 따라 그의 피로 말미암아 속량 곧 죄 사함을 받았느니라 이는 그가 모든 지혜와 총명을 우리에게 넘치게 하사 그 뜻의 비밀을 우리에게 알리신 것이요 그의 기뻐하심을 따라 그리스도 안에서 때가 찬 경륜을 위하여 예정하신 것이니 하늘에 있는 것이나 땅에 있는 것이 다 그리스도 안에서 통일되게 하심이라 모든 일을 그의 뜻의 결정대로 일하시는 이의 계획을 따라 우리가 예정을 입어 그 안에서 기업이 되었으니 이는 우리가 그리스도 안에서 전부터 바라던 그의 영광의 찬송이 되게 하려 하심이라 그 안에서 너희도 진리의 말씀 곧 너희의 구원의 복음을 듣고 그 안에서 또한 믿어 약속의 성령으로 인치심을 받았으니 이는 우리 기업의 보증이 되사 그 얻으신 것을 속량하시고 그의 영광을 찬송하게 하려 하심이라"

아마도 여러분은 이 부분의 성경 말씀을 몇 번이나 읽은 적이 있을 것입니다. 그렇지만 "그 안에서 **또한 믿어 약속의 성령으로 인치심을 받았으니**"(13절)라는 말씀은 언제 읽어도 '성령으로 인치심을 받는다'는 참된 의미를 충분히 깨닫거나 이해하지 못했을지도 모르겠습니다.

이 부분의 말씀들 중에 "우리를 예정하사" "예정하신 것이니" "우리가 예정을 입어" 등의 말씀이 몇 차례 나옵니다.

맨 처음 아담에서부터 육신으로 태어나게 될 최후의 사람에 이르기까지 인간은 누구라도 하나님의 생각(mind) 안에서 하나님의 계획 안에서 또 하나님의 마음(heart) 안에서 하나님의 상속인이 되고, 하나님의 독생자와 함께 공동 상속인이 되도록 태초에 예정하심을 입었다는 사실을 성경은 분명히 가르쳐 주고 있습니다.

다른 말로 표현하면, 하나님의 생각에서 모든 인간은 거듭나도록 미리 예정되어 있었습니다.

그렇지만 모든 인간들이 실제로 거듭나게 된 것은 아닙니다. 성경은 분명하게 **"아무도 멸망하지 아니하고 다 회개하기에 이르기를 원하시느니라"**(벧후 3:9)고 가르쳐 주고 있습니다.

하나님은 여러분이 죄인이 되는 것을 원하신 적은 단 한 번도 없습니다. 하나님은 여러분 가운데 어느 누구도 지옥에 가길 원하신 적은 결코 없습니다. 지옥은 결코 인간을 위해 만들어진 것이 아니며, 타락한 천사들을 위해 만들어진 것입니다.

그렇지만 주의 하십시오. 인간은 자유 도덕기능(free moral agency)을 가지고 창조되었습니다. 내가 지금 말하거나 행하거나 하는 것을 나는 억지로 강요되어 하는 것이 아닙니다. 나는 지금 내가 하고 있는 일 외에, 전세계에 있는 다른 많은 직업들 가운데서 선택할 수도 있었을 겁니다. 만일 내 혼자서 선택했다면 어떤 직업이든 거의 대부분은 지금 내가 하고 있는 일보다 더 쉬운 일이었을지 모르겠습니다.

그렇지만 나는 이 일을 스스로 선택하여 하고 있는 것입니다. 나는 스스로 선택하여 그리스도인이 되었습니다. 어느 누구도 내게 그리스도인이 되라고 강요한 적은 없었습니다. 나의 아버지가 결코 나를 강요하지 않았습니다. 나의 어머니 또한 나를 강요하지 않았습니다.

내가 그리스도인이 된 것도 그리스도를 나의 개인적인 구세주로서 선택한 것도, 나의 삶을 그리스도인으로서 살아가는 것도, 내가 어떤 힘에 의해 강요 받아서 한 것이 아닙니다. 나는 자유 도덕기능과 나 자신의 의지(will), 즉 이 세상 어느 누구의 의지와도 별개인 나 자신의 의지, 하나님 자신과도 분리된 별개의 의지를 가지고 태어났습니다.

그것과 완전히 동일하게 예수님이 이 지상을 걸으셨을 때, 그분은 성부 하나님과는 별개의 의지를 소유하셨으며, 또 흡사 하나님이 아닌 것처럼, 인간이셨습니다.

그리고 내가 결단을 해야 했던 그 날이 왔습니다. 그리고 나는 그리스도인이 되기로 선택했습니다. 어느 일요일 아침, 미주리 주 콘코디아에 있는 그 조그마한 감리교회에서 나는 누군가에 부탁한 것이 아니고, 누군가로부터 일으켜 세움을 받거나 압력을 받았던 것도 아니었습니다.

  그날 그 교회에 모여 있던 사람으로 거듭남의 진정한 의미를 알고 있었던 사람은 소수였습니다. 그렇지만 그 순간 성령께서는 내 마음에 말씀하셨으며 겨우 열 네살 소녀였던 나는 내가 죄인임을 보았습니다. 예수님이 나의 죄를 위한 구주이심을 알고, 나는 선택했습니다. 그 것은 내가 나의 전 생애 중에서 했던 것 중에서 가장 위대하고 가장 현명한 선택이었습니다. 내가 자신의 의지를 행사하고, 예수님을 나의 구주로서 선택했던 것입니다. 내가 그 선택을 하룻 동안만의 결단이 아니고, 6개월 동안 만의 결단도 아닌 영원의 결단으로 선택한 것이었습니다.

  하나님은 내가 멸망하는 것을 원하시지 않습니다. 그것과 완전히 동일하게 하나님은 여러분이 멸망하는 것을 역시 원하시지 않습니다. 사람은 누구라도 스스로 선택하지 않으면 안됩니다.

  현재 지옥에 들어가 있는 사람으로, 혹은 장래에 지옥 안에 있게 될 사람으로 전능하신 하나님께 손가락으로 가리키면서 "당신이 나를 여기에 두기로 선택했다. 내가 여기에 와 있는 것은 당신이 내 대신에 그것을 선택했기 때문이다."라고 말할 수 있는 사람은 한 사람도 없습니다. 사랑하는 여러분, 그렇게 말할 수 있는 사람은 한 사람도 없습니다.

당신이 거듭난 것이 하나님의 뜻입니다. 하나님은 당신이 거듭나는 것을 미리 예정하셨습니다. 그러나, 여러분도 나도 스스로 자기 인생을 사는 것입니다. 우리는 스스로 선택하지 않으면 안됩니다. 즉, 그 용서를 받아들이든가, 아니면 그 용서를 거부하든가 선택하는 것입니다.

좀 생각해 보십시오. 용서란 정확히 그런 것입니다. 예수님이 십자가 위에서 죽으시기 전에 "다 이루었다."고 외치셨을 때, 용서는 모든 인간들을 위해 완성되었던 것입니다. 지상에서 당신이 반드시 하지 않으면 안되는 것은 그 용서를 받아들이는 것뿐입니다.

성령은 삼위일체 하나님 가운데 죄를 깨닫게 하시는 분입니다. 그분이야말로 당신이 죄인임을 당신에게 보여주시는 분입니다. 그것이 바로 그분의 사역입니다. 그리고 당신이 그 용서를 받아들이는 순간, 뭔가가 일어납니다.

우리가 거듭날 때 놀라운 일이 일어납니다. 그것을 증명해 달라고요?

지금 이 시대에 살고 있는 그리스도인 중에서 회심했을 때 무엇이 일어났는지 자신의 말로 충분히 표현하거나 설명할 수 있는 사람은 한 사람도 없다고 나는 믿습니다. 여러분도 그런 일을 할 수 없을 것입니다.

내가 그런 것은 불가능하다고 믿는 이유는 그것이 성

령에 의한 것이기 때문입니다.

"육으로 난 것은 육이요 영으로 난 것은 영이니"(요 3:6)

그러므로 요한은 계시록에서 자기가 영 안에서 본 것을 설명하려고 하여 그다지도 노고했던 것입니다. 어휘가 전혀 다르기 때문입니다. 여러분은 자신이 체험한 영적 경험을 묘사할 수 없을 것입니다. 여러분은 거듭났을 때에 자신이 경험한 것과 성령으로 충만케 되었을 때에 자신의 경험을 누군가 다른 사람에게 설명하는 것은 불가능할 것입니다.

그러나 그 둘 다 명백하고 확실한 사건이며 그 순간 단순히 사망에서 생명으로 옮겼을 뿐만 아니며, 단순히 당신의 과거가 예수님의 보혈로 덮였을 뿐만도 아니고 단순히 죄가 사해진 것만도 아닙니다. 그때까지는 하나님은 당신에게 위대한 창조자셨지만, 그리스도를 당신의 구주로서 영접했을 때, 하나님은 당신의 천부(Heavenly Father)가 되셨습니다. 우리가 그분의 독생자 예수 그리스도를 자신의 구주로서 받아들이지 않고 있는 동안은, 그분은 우리에게 천부가 되시지 않습니다. 그리고 그렇게 할 때만이 우리는 하나님의 양자로 입적되는 것입니다! 오, 얼마나 영광스런 일인지요!

✝

"보라 아버지께서 어떠한 사랑을 우리에게 베푸사 하나님의 자녀라 일컬음을 받게 하셨는가"(요일 3:1)

 우리는 지금 이 말씀과 같이 되어 있습니다. 왜냐하면 우리는 하나님의 양자로 입적되었기 때문입니다. 그렇지만 우리가 자신의 죄를 용서받는데 있어서 그분의 아들을 영접하기까지 그분은 우리를 양자로 삼으시지 않습니다. 그렇게 할 때, 비로소 우리는 하나님의 가족의 일원이 됩니다. 그리고 그것이 바로 하나님의 가족 안으로 태어나는 것입니다.

18. 하나님의 원하심

그렇게 놀라운 거듭남의 경험은 새로운 생명의 시작에 지나지 않습니다.

우리들 가운데서 자기가 왕의 자녀로서 상속받고 있는 것을 충분히 깨닫고 있는 사람은 거의 없다고 나는 생각할 때가 있습니다. 우리는 실제로 그렇습니다. 하나님의 자녀들 가운데서 패배의 인생을 살고 있는 사람들이 있음으로 인해 나는 슬픔을 느낍니다. 아직 구원받지 않은 남자와 여자들에게 우리는 하나님의 자녀들에 대한 잘못된 인상과 잘못된 관념을 줄 때가 있습니다.

우리는 하나님의 상속인이지만, 여러분은 그것이 어떤 의미인지 알고 계십니까? 만일 당신이 거듭난 그리스도인이라면, 당신은 글자 그대로 그리스도와 함께 공동 상속인이며, 그것은 하늘과 땅에서 가장 높은 권위로부터 오는 것입니다.

하나님의 말씀은 그것을 보증하고 있습니다. 우리가

거듭났다면, 하나님의 상속인입니다. 에베소서 1장 12절에 이렇게 기록되어 있습니다.

"이는 우리가 그리스도 안에서 전부터 바라던 그의 영광의 찬송이 되게 하려 하심이라"

우리는 믿음에 관해서 이야기하며, 그리스도께 대한 우리의 믿음을 강조합니다. 그렇지만, 우리의 구원의 대가를 지불하기 위하여 성부께서 예수 그리스도를 보내주셨을 때, 성부께서 예수 그리스도께 대해 가지고 계셨던 믿음(신뢰)만큼 위대한 믿음은 결코 없었습니다. 맨 먼저 하나님은 예수 그리스도를 신뢰하셨습니다. 그것이야말로 믿음의 진정한 모범이며, 하나님은 이 모범을 우리에게 주셨던 것입니다. 13절과 14절 계속됩니다.

"그 안에서 너희도 진리의 말씀 곧 너희의 구원의 복음을 듣고 그 안에서 또한 믿어 약속의 성령으로 인치심을 받았으니 이는 우리 기업의 보증이 되사 그 얻으신 것을 속량하시고 그의 영광을 찬송하게 하려 하심이라"

"그 안에서 너희도… 믿어" 우리는 다음에 성령의 이 놀라운 인치심에 초점을 맞추어 보기로 하겠습니다.

우선 맨 먼저 용서를 받아들이는 사건이 있어야 합

니다.

예수님이 십자가 위에서 행하셨던 일을 믿음으로 받아들이는 것입니다. 그 순간 하나님 아버지는 당신의 천부가 됩니다. 그리고 나서 다른 일이 일어납니다. 내가 그것을 몇번이나 거듭 거듭 반복해서 말하는 것을 여러분은 들었을 것입니다.

"당신이 죽음에서 생명으로 옮겨진 것을 그분의 영과 당신의 영이 함께 증거하여 주시길 나는 기도합니다."

그것은 어떤 것일까요? 당신이 그리스도를 당신의 구주로서 영접하는 그 순간, 삼위일체 하나님의 세 위격 모두가 활동하십니다. 당신의 죄사함에 대해 예수님이 당신을 위해 행하신 것을 당신이 받아들이고 그분을 당신의 개인적 구주로서 받아들이는 순간, 창조자이신 성부 하나님은 당신의 천부가 되셔서, 당신은 하나님의 대가족 안으로 양자로 입적되며, 그리스도의 몸 안으로 태어나게 되는 것입니다.

그것과 동시에 성령께서 자신의 인치심을 그 사람 위에 행하셔서, 성령의 인치심(the seal of the Spirit)을 확실하게 하시는 것입니다. **"너희도… 또한 믿어 약속의 성령으로 인치심을 받았으니…"** 그것이야말로 참으로 성령께서 우리의 영과 더불어 증거해 주신다고 성경이 말씀하시는 의미입니다.

우리는 자기가 거듭난 것을 어떻게 알 수 있습니까?

우리가 그것을 설명하기는 불가능합니다. 우리가 가진 어휘로는 우리가 경험한 것을 묘사할 만한 말이 전혀 없기 때문입니다. 그러므로 의심하는 사람과 믿지 않는 사람은 이해할 수 없는 것입니다.

그렇지만 그 순간 성령께서 그 사건(transaction) 위에 인치셨을 때, 그분의 영(성령)은 우리의 영과 더불어 우리가 사망에서 생명으로 옮겨진 것과 우리가 하늘 아버지의 양자로 입적되어 그리스도의 몸 안으로 태어난 것을 증거해 주시는 것입니다. 그리고 우리 자신은 너무나 분명히 아는 것입니다.

잠시 기다려 주십시오. 믿는 자가 그리스도의 몸 안에 있다는 것과 하나님의 상속인이라는 것에는 우리들 중 대부분의 사람이 아직 깨닫지 못하는 것이 있습니다.

거듭난 하나님의 자녀들, 하나님 가족의 일원이 된 사람들에 대한 하늘 아버지의 사랑의 행위를 잠잠한 가운데 깊이 묵상해 보십시오. 우선 먼저 사랑하는 하나님 아버지부터 생각해 봅시다.

하나님은 그리스도 안에서 모든 축복으로 우리를 축복해 주셨습니다만, 나는 하나님이 축복해 주시는 때밖에 축복받을 수 없다는 사실을 우리는 충분히 깨닫고 있는 걸까? 하고 생각할 때가 자주 있습니다. 우리는 매우 독립심이 강해져서 누구의 도움도 필요없다고 생각해 버리고, 그것 때문에 우리가 심각한 문제에 빠져드는 경

✝

우가 있습니다. 내가 알고 있는 매우 머리가 좋은 사람들 중에도 자신의 지혜를 사용하고 있기 때문에 매우 어리석은 혼란에 스스로를 빠뜨리는 사람들이 있습니다.

그것은 스스로가 자기를 축복하려고 하는 것과 같은 것입니다.

그러나 여러분도 나도 하나님이 축복해 주실 때밖에 축복받을 수 없는 것입니다. 하나님이 그리스도 안에서 모든 축복으로 축복해 주셨습니다. 그리고 하나님의 축복에 의해 우리는 이 세상에서 가장 부유한 사람들이 되었습니다.

하나님은 창세 전에 우리를 자기의 사랑 안에서 택하셨습니다.

여기에서 죠 쿨만을 사용하여 다른 비교를 해 보겠습니다. 그는 나의 육신의 아버지이십니다.

"자기가 받아들여지고 필요하다."는 사실을 자녀들이 알 때 이 세상에서 가장 기쁘고, 가장 좋은 감정이 됩니다. 나는 "필요치 않던 아이가 아니었다."는 사실을 알고 있었습니다. 왜냐하면 어머니와 아버지는 나를 원하셨기 때문입니다. 평생동안 나는 그 사실을 내 마음 속에 품고 보물같이 여기고 있습니다. 그 사실을 생각하면 나는 기쁜 마음이 되고 그것은 마치 숨겨둔 보석과 같습니다.

단지(다른 사람들에 의해) 필요치 않고 태어나서 거리

를 방황하고 있는 아이들이 오늘날 수천 수만명이나 있는 것도 우리는 모두 잘 알고 있습니다.

그러나 하나님의 자녀들은 한 사람도 예외없이 모두 필요로 하는 원해졌던 아이들입니다. 하나님은 창세 전에 우리를 자기의 사랑 안에서 택하셨습니다.

당신의 이 땅의 부모에게 있어서 당신은 필요로 하지 않는 자녀였을지도 모릅니다. 그러나 당신이 태어나기 전부터 당신을 필요로 하셨던 하늘 아버지가 계십니다.

이 세상의 기초가 놓이기 전에도 당신은 하나님께 필요했으며, 사랑받고 있었습니다. 하나님은 우리를 친히 자기의 자녀로 삼으시고 자기의 은혜로 우리를 풍성케 하실 것을 자신의 뜻으로 미리 예정하셨던 것입니다.

한편, 당신의 지상의 가족에게서 당신을 필요로 하고 있어도 만족할 만한 식사가 주어질 수 없었을지도 모르겠습니다.

겨울이 오고 당신의 아버지가 당신을 사랑하고 있어도 당신에게 필요한 신발을 사줄 만큼의 돈이 없었을지도 모릅니다.

그는 당신을 사랑하고 있어도 그것은 사랑과는 별개의 문제였습니다. 그분은 열심히 일을 했지만, 우리는 여전히 낡은 물질의 세계(old material world)에 있습니다. 당신은 사랑받고 필요시되고 있어도 물질면에서는 가난한 경우가 있습니다. 그러나 하나님 아버지에 대해

✝

어떤 것을 알기 원하십니까? 당신은 그분의 자녀들 중 한 명이고, 그분의 가속의 일원이며, 그분의 독생자를 영접했을 때, 거듭났습니다. 그리고 그분은 은혜로 당신에게 풍성히 주셔서 부요케 하셨습니다. 그분의 자녀는 누구 한 사람도 가난하지 않습니다.

우리는 잘못된 가치관을 가지고 있으며, 올바른 가치관으로 돌아가야 할 필요가 있다고 나는 가끔 생각합니다.

만일 당신의 마음에 평안이 있다면 당신은 부유한 사람입니다.

만일 당신의 방에 몸을 누이고 베개를 베고, 평안한 마음과 평안한 혼으로 잠들 수 있다면, 이 세상 최고의 부유한 사람들일지라도 전혀 알지 못하는 것을 당신은 가지고 있는 것입니다. 인생에서 어떤 사건이 일어났을지라도 그리스도 안에 확실한 피난처가 있다는 것을 알고 확신할 수 있다면 당신은 안전합니다. 지금 이 시대에 만일 당신이 하나님 안에서 안전하다면 당신은 부유한 자입니다.

하나님의 안전이란 하루 동안의 것이 아닙니다. 6개월 동안의 것도 아닙니다. 하나님의 안전은 영원까지 이르는 것입니다. 하나님은 풍성한 것으로 우리를 부요케 해 주셨습니다.

하나님은 자신의 사랑의 행위로 자신의 영광을 우리

안에 제시하시고 우리를 자신의 영으로 인치심으로 이렇게 하여 자신의 소유로 삼아 주셨습니다.

만일 당신이 거듭남이라는 이 놀라운 경험을 한 적이 있다면 당신 위에 하나님의 인을 받은 것입니다. 하나님은 당신을 자신의 영으로 봉인하셨습니다. 이렇게 하여 당신에게 자신의 소유라고 하는 인을 치신 것입니다. 당신은 부유합니다!

19. 그리스도 안에 있는 우리의 상속

어느 누구도 결코 패배할 필요는 없습니다. 당신은 패배로 인해 의기소침해 있을 필요가 없습니다. 당신이 지금 어떤 환경에서 생활하고 있는가는 문제가 되지 않습니다. 당신은 패배하기 위해 창조된 것이 아닙니다. 당신이 패배하는 것은 패배하는 것에 당신이 동의하는 경우 뿐입니다.

당신에게는 하나님 아버지의 우편에 계시는 분이 있습니다. 그분은 대제사장의 자리에 계시는 살아계신 하나님의 아들입니다. 그분은 우리의 위대한 변호자이며 항상 살아 계십니다. 그분은 당신을 위해 중보하고 계십니다.

지금 이 순간 나는 기도드립니다. 그분이 당신에게 거룩한 소망, 그 위대한 영적인 소망을 주시고 또 승리를 주시도록 예수님의 이름으로 기도드립니다.

이 '성령의 인치심'에 대해서 여러분과 함께 계속 이야기하면서, 여러분은 바울이 에베소서 1장 13절에서 말한 내용은 어떤 의미인가 하고 생각했을지도 모르겠습니다.

"그 안에서 너희도 진리의 말씀 곧 너희의 구원의 복음을 듣고"

진리의 말씀이란 진실로 "구원의 복음"입니다!
그리고 사도 바울은 이렇게 계속 말합니다.
"그 안에서 또한 믿어"
'성령의 인치심'이 실행된 것은 여러분이 처음으로 진리의 말씀을 들었을 때가 아니고 여러분이 거듭나기 전도 아닙니다.

지금 설명해 드리겠습니다. 여러분이 진리의 말씀을 듣고 성령께서 여러분에게 죄를 인정하도록 하셨습니다. 그 진리란 여러분의 구원의 복음이었습니다.

그리고 당신이 믿고 그 진리를 받아들이고 당신이 예수 그리스도를 자기의 구주로서 받아들이고 난 후, 당신은 약속의 성령으로 인치심을 받았습니다.

"이는 우리 기업의 보증이 되사 그 얻으신 것을 속량하시고 그의 영광을 찬송하게 하려 하심이라"(엡 1:14)

✝

자, 현재 여러분과 나는 육신의 몸 안에 살고 있지만, 그리스도 안에서 우리가 상속받게 되어 있는 것들 중, 보증금(down payment)만 받았습니다. 만약 당신이 하나님의 자녀라면 당신은 하나님께 속해 있고 하나님 아버지의 양자로 입적되어 있습니다. 이런 놀라운 모든 것들은 당신의 것입니다.

즉, 마음의 평안, 혼의 평안, 그분의 사랑, 그분의 축복, 그분의 선하심, 그분이 자기 자녀들에게 주시는 이 놀라운 기쁨, 그리고 인생의 어떤 상황에서도 그분이 함께 해주신다는 이 확신입니다.

당신이 지금까지 어떤 영적 경험을 했던 적이 있다고 해도 하나님은 그 이상의 것을 당신을 위해 예비해 놓고 있습니다.

당신은 자신이 비스가 산의 높은 산정에 서있는 것처럼 느꼈던 적이 있었을지도 모릅니다. 혹은 영광으로 충만했던 어떤 집회로부터 돌아와서 "사랑하는 주님, 이젠 그만 주시옵소서. 나는 더 이상 감당할 수가 없나이다."라고 말한 적이 있었을지도 모르겠습니다.

그러나 당신이 어떤 경험을 했던 적이 있다고 해도 혹은 지금 이 시간 경험하고 있다고 해도, 당신이 경험한 것은 아직 겨우 보증금에 지나지 않는 것입니다. 여러분의 구속도 나의 구속도 우리가 하나님의 영광스런 보좌 앞에 서기까지는 완성되지 않습니다.

그것은 죽을 것이 죽지않음(immortality)을 입을 때입니다. 우리가 타락하고 죽어야 할 이 육신 안에 있는 동안 절대적으로 완전한 것이라든가, 궁극적인 것이 어떻게 있을 수 있겠습니까? 아픔이 있고, 고통이 있고, 늙어가기 마련입니다. 이 인생에는 여러 가지 문제가 있으며, 슬픔과 눈물이 있습니다. 그러므로, 이 인생이 궁극적인 것이 아니고, 이 인생이 완전한 것일 리가 없습니다. 내가 지금 여러분에게 말하고 있는 이 마음의 평안, 이 안도감, 이 기쁨, 우리는 그리스도께 속한 것이라는 이 놀라운 확신은 보증금에 지나지 않습니다.

그러나 이윽고 죽어야 할 것이 죽지 않는 것을 입을 때, 더 이상 눈물은 없어지고 더 이상 문제도 없어지며, 더 이상 고통도 시험도 없어지게 됩니다. 오늘날 우리는 믿음으로 보고 있습니다. 우리가 그분을 얼굴과 얼굴을 마주 하여 뵈옵게 될 때 우리의 구속은 완성되고, 그분의 몸과 같은 몸을 입게 될 것입니다. 그런 조명하심 안에서 다시 한 번 성경말씀을 보겠습니다. 바울은 신자들에게 이렇게 말하고 있습니다.

"그 안에서 너희도 진리의 말씀 곧 너희의 구원의 복음을 듣고 그 안에서 또한 믿어 약속의 성령으로 인치심을 받았으니 이는 우리 기업의 보증이 되사 그 얻으신 것을 속량하시고 그의 영광을 찬송하게 하려 하심이라"

✝

우리의 영광스러운 미래는 대가가 지불되어 우리 것이 되었으며 어떤 저당(mortage)도 붙어있지 않습니다.

이 세상의 주식시장에서 어떤 일이 일어나 이율이 떨어지는 일이 발생해도 그리스도 안에서 우리가 상속받는 것은 이미 값이 지불되었고 우리 것이 완료되었습니다. 그것은 이미 구입완료된 소유물입니다.

그렇기 때문에 그리스도인은 누구라도 패배의 인생을 살아갈 필요가 전혀 없습니다. 당신이 구호대상자처럼 생활하고 구호대상자처럼 행동하고, 또 구호대상자처럼 느끼고 있다면, 아마 당신은 당신을 진정으로 모르기 때문입니다. 당신은 부유합니다! 당신이 거듭났다면 하나님은 당신의 천부이십니다. 당신은 하나님의 양자가 되었으며, 성령님은 그 사실에 자신의 인을 치셨습니다.

당신은 약속의 성령으로 인치심을 받았습니다.

그러므로 당신이 사망에서 생명으로 옮기워진 것을 하나님의 성령은 당신의 영과 더불어 증거해 주시는 것입니다. 덧붙여 말씀드리고 싶은 것이 있습니다.

이 사실을 기억해 주십시오. 당신에게는 성부와 성자와 성령께서 계십니다. 각각 별개의 사역을 하고 계시며 당신을 하나님의 양자로서 다루시고 계십니다.

성부 하나님은 모든 은혜의 원천이시며, 모든 선한 것과 완전한 은사를 주시는 분이라는 사실을 기억하십시오.

하나님의 아들 예수님은 모든 것이 주어지는 관이시며, 예수님에 의해 우리가 영원한 생명을 가지게 되었습니다. 언제나 예수님은 이러한 것들이 주어지는 통로 또 관으로서 존재하고 있습니다. 그렇지만 기억하십시오. 성부 하나님이야말로 모든 은혜의 원천이시며, 모든 좋은 것과 완전한 은사를 주시는 분입니다.

이제 성령님께 왔습니다. 이분은 삼위일체 하나님의 권능이십니다. 그렇습니다. 성부 하나님은 모든 은혜의 원천이시고, 예수님은 모든 것을 우리에게 가능케 하신 것도 여러분은 아시겠지요. 그렇지만 권능이신 분은 성령입니다.

그러므로 기적의 집회에서 사람들은 자기 좌석에 앉은 채로 치유받게 됩니다. 여러분은 자기 자리에서 내 손으로 안수받을 필요가 없습니다. 성령님이 임재하실 때, 삼위 일체 하나님의 권능이신 성령님의 임재 그 자체가 성령님의 임재 가운데 앉아 있는 그 사람의 병든 몸을 치유하시는 것입니다. 그것은 성령님의 권능입니다!

기억하십시오. 믿는 자만이 약속의 성령으로 인치심을 받았습니다. 하나님은 우리를 소유하십니다. 우리는 하나님의 양자로 입적된 자들이며, 그분의 자녀로서 모든 특권과 상속권이 주어져 있습니다.

"보라 아버지께서 어떠한 사랑을 우리에게 베푸사 하나

님의 자녀라 일컬음을 받게 하셨는가"(요일 3:1)

 우리는 양자의 영이신 성령을 받았으며, 성령께서 친히 우리의 영과 더불어 우리가 하나님의 자녀인 것을 증거해 주시고 있습니다. 우리가 인치심을 받은 것은 우리가 그분 안에 있는 자이기 때문이며, 우리 자신들에게 뭔가 장점이 있어서가 아닙니다. 우리가 인치심을 받은 것은 예수님께서 행하신 것 때문이고, 성령께서 친히 그것을 인쳐주시는 것입니다.

 그렇다면 인치심이란 무엇입니까? 그것은 어떤 감정이 아닙니다. 당신이 잘못된 환상 아래서 수고하지 않도록 그것을 확실히 설명해드리겠습니다. 그것은 결코 어떤 감정이 아닙니다. 믿는 자 안에서 그 사람이 그리스도 안에 완전히 받아들여 졌음을 증거하고 계시는 성령의 임재하심입니다. 요한일서 4장 17절에서 사도 요한은 이렇게 말하고 있습니다.

 "주께서 그러하심과 같이 우리도 이 세상에서 그러하니라"(요일 4:17)

 즉, 우리는 하나님의 상속인 그리스도 예수와 함께 공동 상속인입니다. 여러분께 다시 한 번 권유합니다. 자신이 누구에게 속한 자인지 결코 잊지 말아 주십시오.

20. 성령께서 슬퍼하실 때

성령님의 인격에 대한 연구를 좀더 깊이 하려고 합니다. 아마도 여러분이 지금까지 알아왔던 성령님과의 또 다른 면을 보게 될 것입니다. 그것은 성령님의 민감하심입니다.

모든 새들 중에서 가장 온유한 새인 비둘기에 성령님이 비유된 이유 중 하나가 바로 그 때문입니다.

삼위 일체의 강력한 권능이신 성령의 능력을 알게 되고, 성령께서 친히 우리를 보호하시고 계심을 아는 것은 놀라운 일입니다. 여러분과 내가 성령님과 놀라운 교제를 가질 수 있다는 사실을 알았습니다만, 그 교제는 우리의 이해력을 초월한 것입니다.

더구나 성령은 영적인 것들에 대한 우리의 위대한 교사이시며, 모든 진리를 계시해 주시는 분이기도 하다는 사실을 알고 있습니다. 그러나 여러분이 알아야 하는 것은, 이 성령님의 인격에는 또 다른 면이 있어서, 성령님은 슬픔을 당하실 수 있다는 것입니다.

그 사실과 관련있는 말씀이 있습니다. 그렇지만 우리는 하나님의 말씀을 그 문맥으로부터 감히 벗어나게 하지 않기 위해, 먼저 에베소서 4장 1절과 2절부터 시작하기로 하겠습니다.

"그러므로 주 안에서 갇힌 내가 너희를 권하노니 너희가 부르심을 받은 일에 합당하게 행하여 모든 겸손과 온유로 하고 오래 참음으로 사랑 가운데서 서로 용납하고"

여기서 중단하기로 하겠습니다. 왜냐하면 이러한 성령의 열매는 오늘날 많은 그리스도인들 생활에서도, 또 그리스도 교계에서도 매우 결여되어 있기 때문입니다.

성령으로 충만하다고 스스로 자칭하는 사람들의 삶에도, 질투의 죄가 종종 드러납니다. 온유(meekness)의 참된 의미를 알지 못하는 사람들이 오늘날 많이 있습니다. 겸손은 그리스도인의 모든 은혜 중에서도 가장 위대한 것 가운데 하나이지만, 이것도 결여되어 있고, 우리의 영적인 완고함을 너무도 자주 보게 됩니다. 또 겸손, 온유, 오래참음, 사랑을 보게 되는 경우는 거의 없습니다.

다음 부분을 읽어보겠습니다. 에베소서 4장 3절입니다.

"평안의 매는 줄로 성령이 하나 되게 하신 것을 힘써 지키라"

거듭남에는 중요한 의미가 있습니다. 예수님의 발자취를 따라 자기 십자가를 지고 예수님을 따라가는 것에는 중요한 의미가 있습니다. 분명히 예수님이 져야 하는 십자가가 있었으며, 그 십자가 위에서 죽으심이 있었던 것과 동일하게 거듭난 한 사람 한 사람에게도 분명히 십자가는 존재하는 것입니다.

우리가 겸손과 온유함과 오래참으로 그분을 뒤따르고 서로 사랑하며, 평안의 매는 줄로 성령의 하나되게 하심을 지키려 한다면, 자신에 대하여 반드시 죽어야 합니다.

"몸이 하나요 성령도 한 분이시니 이와 같이 너희가 부르심의 한 소망 안에서 부르심을 받았느니라 주도 한 분이시요 믿음도 하나요 세례도 하나요"(엡 4:4-5)

당신은 '어느 것이 진정한 교회입니까?'라고 물어볼지도 모르겠습니다. 많은 교단이 있으며 도시의 모퉁이마다 교회가 있습니다.

그러나 주 예수 그리스도만이 "나의 교회"라고 말할 수 있습니다.

✝

여러 교단이 있고 다른 그리스도인들과 교제를 가질 수 있는 것은 매우 훌륭한 것입니다. 그러나 진정한 교회란 사실 그리스도의 몸입니다. 우리는 그분의 몸 안에서 태어났고, 그분의 교회 안에서 태어났습니다.

5절에서 바울이 말하고 있는 것은 무슨 세례인지 살펴보겠습니다. 그것은 고린도전서 12장 1-3절에서 언급되고 있는 것과 같은 세례입니다. 기억해 주십시오.

문맥에서 뭔가를 끄집어내고 나서 그것으로부터 교리를 만들어내는 것은 불가능합니다. 바울이 어떤 세례를 말하고 있는가에 대한 답이 여기에 주어져 있습니다.

"몸은 하나인데 많은 지체가 있고 몸의 지체가 많으나 한 몸인과 같이 그리스도도 그러하니라 우리가 유대인이나 헬라인이나 종이나 자유인이나 다 한 성령으로 세례를 받아 한 몸이 되었고 또 다 한 성령을 마시게 하셨느니라" (고전 12:12-13)

이것은 에베소서 4장에서 언급되고 있는 것과 동일한 세례 동일한 그리스도의 몸입니다.

"주도 한 분이시요 믿음도 하나요 세례도 하나요 하나님도 한 분이시니 곧 만유의 아버지시라 만유 위에 계시고 만유를 통일하시고 만유 가운데 계시도다"(엡 4:5-6)

그리고, 에베소서 4장 26-32절까지 읽어봅시다. 이 메시지의 처음에 내가 언급했던 부분이 나옵니다.

"**분을 내어도 죄를 짓지 말며 해가 지도록 분을 품지 말고 마귀에게 틈을 주지 말라 도둑질하는 자는 다시 도둑질하지 말고 돌이켜 가난한 자에게 구제할 수 있도록 자기 손으로 수고하여 선한 일을 하라 무릇 더러운 말은 너희 입 밖에도 내지 말고 오직 덕을 세우는 데 소용되는 대로 선한 말을 하여 듣는 자들에게 은혜를 끼치게 하라 하나님의 성령을 근심하게 하지 말라 그 안에서 너희가 구원의 날까지 인치심을 받았느니라 너희는 모든 악독과 노함과 분냄과 떠드는 것과 비방하는 것을 모든 악의와 함께 버리고 서로 친절하게 하며 불쌍히 여기며 서로 용서하기를 하나님이 그리스도 안에서 너희를 용서하심과 같이 하라**"

우리는 성령을 근심케(grieve:슬프게) 해서는 안된다고 경고받고 있습니다. 어떻게 하는 것이 성령을 근심케 하는 것일까요? 성령은 삼위 일체 하나님의 위대하신 권능이신 분이면서도, 강한 감수성이 있으며 근심하시는 분이심을 마음에 새겨 두십시오.

이 놀라우신 분이 비통함, 분노, 노여움, 악한 말 등에 의해 슬퍼하시거나 근심하시는 경우가 있다는 것은 의심할 여지가 없습니다.

✝

다른 말로 표현하면, 성령께서 슬픔을 당하시고 근심하시는 것은 사람의 삶 가운데 있는 온유와 오래참음, 그리고 사랑으로 서로 견디는 것과 평안의 매는 줄로 성령의 하나됨을 지키는 것에 반하는 것들 때문입니다. 이런 것들에 반하는 어떤 것도 성령을 슬프게 하며 근심시키게 됩니다.

나는 분명히 말씀드립니다. 그것은 여러분이 입술로 무엇을 주장하고 있는가 하는 것이 아니고, 여러분이 과거에 어떤 영적 경험을 한 적이 있는가 하는 것도 아닙니다.

만일 당신 안에 용서하지 않는 마음이 있다면, 만일 악의(malice)가 있다면, 만일 악한 말이 있다면, 만일 당신의 마음에 질투가 있다면, 만일 누군가에게 원한(grudge)을 가지고 있다면, 만일 당신이 소문을 퍼뜨리는 사람이라면, 만일 당신이 거짓말을 하는 사람이라면 성령은 당신이라는 그릇에 거하실 수 없게 됩니다. 성령께서는 그런 그릇 안에 사실 수 없는 것입니다.

왜냐하면, 그러한 것들은 자신의 인격에 반하는 것이기 때문입니다. 그러한 상황에서 성령께서는 당신의 몸을 성전으로 삼으실 수가 없으며, 앞으로도 역시 거하시지 않으실 것입니다.

왜 일까요? 그런 것들은 죄이며, 성령을 근심시키며 슬프게 하시기 때문입니다. 성령은 죄와 함께 같은 그릇 안에 거하실 수 없으며, 거하시지 않으실 것입니다.

여기서 우리는 성령에 대해 중요한 것을 보려고 합니다. 용서가 전혀 없는 죄, 즉, 용서받을 수 없는 죄에 대해서 너무나도 걱정하고 있는 사람들이 있습니다. 성령께서는 그것을 이 세상에서도, 오는 세상에서도 전혀 용서받을 수 없는 유일한 죄로서 언급하고 있습니다. 이 죄에 대해서는 많은 견해들이 있지만, 이것도 문맥에서 벗어나서는 안됩니다. 우리는 그 문맥을 올바르게 이해해야 합니다. 마태복음 12장 22-30절을 읽어봅시다.

"그 때에 귀신 들려 눈 멀고 말 못하는 사람을 데리고 왔거늘 예수께서 고쳐 주시매 그 말 못하는 사람이 말하며 보게 된지라 무리가 다 놀라 이르되 이는 다윗의 자손이 아니냐 하니 바리새인들은 듣고 이르되 이가 귀신의 왕 바알세불을 힘입지 않고는 귀신을 쫓아내지 못하느니라 하거늘 예수께서 그들의 생각을 아시고 이르시되 스스로 분쟁하는 나라마다 황폐하여질 것이요 스스로 분쟁하는 동네나 집마다 서지 못하리라 만일 사탄이 사탄을 쫓아내면 스스로 분쟁하는 것이니 그리하고야 어떻게 그의 나라가 서겠느냐 또 내가 바알세불을 힘입어 귀신을 쫓아내면 너희의 아들들은 누구를 힘입어 쫓아내느냐 그러므로 그들이 너희의 재판관이 되리라 그러나 내가 하나님의 성령을 힘입어 귀신을 쫓아내는 것이면 하나님의 나라가 이미 너희에게 임하였느니라 사람이 먼저 강한 자를 결박하지 않고서야 어떻게 그 강한 자의 집에 들어가 그 세간을 강탈하겠느냐 결박한 후에야 그 집을 강탈하리라 나와 함께 아니하는 자는 나를 반대하는 자요 나와 함께 모으지 아니하는 자는 헤치는 자니라"

 자, 이것은 서로 관련된 문맥같이 계속되는 부분입니다. 바리새인들이 행하고 있던 것은 하나님과 성령의 역사를 마귀의 역사라고 하는 것이었습니다. 성령께서 예수님을 통하여 악마를 쫓아내고, 눈멀고 귀가 들리지 않던 사람이 치유 받았습니다. 눈이 보이지 않고, 말도 할 수 없었던 그 사람은 말도 하고 보기도 했기 때문입니다. 바리새인들은 "저것은 악마의 역사다. 사단의 역사다."라고 말했습니다.
 예수님은 "사단이 어떻게 사단을 쫓아낼 수 있느냐? 사단이 자기 자신을 적대하며 행하는 것이 된다."고 대답하셨습니다.
 그 문맥을 대조하면서 다음 부분을 읽어보십시오.

 "그러므로 내가 너희에게 이르노니 사람에 대한 모든 죄와 모독은 사하심을 얻되 성령을 모독하는 것은 사하심을 얻지 못하겠고 또 누구든지 말로 인자를 거역하면 사하심을 얻되 누구든지 말로 성령을 거역하면 이 세상과 오는

세상에서도 사하심을 얻지 못하리라"(마 12:31-32)

전혀 사함받을수 없는 죄가 하나 있습니다. 그것은 성령에 대한 모독(blasphemy)의 죄입니다. 사도들을 통하여 나타난 성령의 은사, 또 사람들의 삶 가운데서 드러난 하나님의 권능, 이러한 것은 하나님께서 복음을 확증하기 위해 의도된 최종적인 증거였습니다.

그러한 성령의 은사와 권능은 오늘날 여전히 계속되고 있으며, 또 분명해져 있습니다.

누군가가 그러한 성령의 역사를 사단의 역사라고 할 때, 그 사람은 이 세상에서도 오는 세상에서도 용서받을 수 없는 죄를 범하는 것입니다.

성령의 역사에 관해서 당신이 말하는 것에 주의하십시오. 당신이 용서받을 수 없는 죄를 범하는 일이 없도록 말입니다.

21. 우리의 의지를 성령의 다스리심 아래 두는 것

지금은 하나님의 자녀들에게 매우 흥분으로 가득 찬 시대이며, 성경이 다음과 같이 언급하고 있는 시대입니다.

"이런 일이 되기를 시작하거든 일어나 머리를 들라 너희 속량이 가까웠느니라"(눅 21:28)

지금은 성령님의 열매와 은사가 다시 교회에 회복되고 있는 시대입니다. 성령에 관한 한, 지금은 위대한 회복의 때입니다. 또한 불신자들에게는 계속해서 어두워져 가는 시대임을 나는 알고 있습니다. 시시각각으로 어두워져 가고 있습니다. 그렇지만 우리의 미래는 매우 밝고 매우 영광스럽습니다. 우리의 구속은 점점 더 가까워지고 있습니다.

기억하십시오. 우리가 그리스도 예수와 얼굴과 얼굴을 마주보며 만나 뵈올 때까지는 그리스도인, 하나님의 상속인, 그리고 그리스도 예수와 공동 상속인인 우리의 구속이 완성되는 것은 아닙니다. 지금은 정말로 수 천명의 사람들이 성령으로 계속 충만해지는 때입니다.

그것은 우리가 성령 세례라고 하는 그 놀라운 경험을 의미합니다. 그러므로 제가 말씀드리고 싶은 것은 성령 세례에 관계된 극히 중요한 것과 성령 세례에서 우리 의지의 중요성에 관해서입니다.

이것은 자주 간과되고 있는 것입니다. 우리의 의지와 원함이 하나님의 뜻(will)과는 전혀 다른 것으로 되어버리는 경우가 있음을 인식하고, 또 그것이 이 놀라운 경험과 성령의 인격, 그리고 성령 자신과 어떻게 관계하고 있는지를 아는 것이 중요합니다.

히브리서 10장 16절에 이렇게 기록되어 있습니다.

"그 날 후로는 그들과 맺을 언약이 이것이라 하시고 내 법을 그들의 마음에 두고 그들의 생각에 기록하리라"

성령 세례는 우리의 정서면에 영향을 미치지만, 그렇다고 해서, 이 경험의 가장 중요한 부분이 눈에 보이지 않는 우리의 의지에 영향을 미친다는 사실을 망각해서는 안되겠습니다. 우리는 무언가 감격적인 경험을 성령 세례로 잘못 이해하지 않도록 주의하지 않으면 안됩니다. 때때로 나는 생각합니다만 우리는 사람이기 때문에 뭔가의 감격적인 경험에 마음을 빼앗겨 버리고는 그것에다 성령 세례라는 레이블(label)을 붙여 버리는 것입니다.

어떤 나무라도 뿌리가 가장 중요한 부분입니다. 이 말을 문제삼을 사람은 아무도 없습니다.

또한 우리의 영적 생활의 가장 중요한 부분도 인간의 눈에는 보이지 않는 부분입니다. 내 생명의 제일 중요한 부분은 나의 의지입니다. 당신 생명의 가장 중요한 부분은 당신의 의지입니다. 당신의 영적 경험, 당신과 하나님과의 관계, 예수 그리스도와의 관계, 성령님과의 관계에 오게 되면 당신의 의지야말로 가장 중요합니다. 의지는 화제에 오를지라도 깊이있게 논해지지 않는 것입니다. 그렇지만 우리가 "그러나 내 원(의지)대로 마시고 아버지의 뜻(의지)대로 되기를 원하나이다."하고 정직하게 말할 수 있게 될 때, 우리는 극히 소수의 사람밖에 알지 못하는 장소에 이르게 됩니다.

말씀을 읽고, 실제생활에 적용하는데 주의해 가면, 이 경험의 가장 중요한 부분은 성령께서 우리의 의지를 완전히 다스리시게 된다는 결론에 도달하게 됩니다.

성령으로 충만케 되는 이 경험을 했다고 스스로 말하는 사람은 많이 있지만, 그 경험에 관해, 성령님께서 자신의 의지를 완전히 다스리시도록 하는 것에 대해서 그들은 전혀 아무것도 알지 못합니다. 그것은 성령세례의 순간에 일어나는 것이 아니고, 그 경험 뒤에 이어서 일어나는 것입니다. 성령께서 당신의 의지를 완전히 다스리고 있지 않으면 그 경험은 얕고 일과성(一過性)에 지나지 않게 됩니다.

그다지 영적으로 깊지 않는 사람들이 강력한 영적 집회에서 강하게 사로잡혀 버린 나머지 열광적인 동작으로 끌려 들어가지만, 그들 자신의 성격에는 어떤 변화도 없는 일이 일어날 수 있습니다.

사울 시대에 미스바에서 하나님이 친히 자신을 계시하셨을 때의 일입니다. 다윗을 잡으려 하여 사울을 따르던 사람들은 선지자들을 뒤흔들었던 동일한 엑스터시(ecstasy)의 영에 사로잡혔습니다.

강력한 영적 기도 집회에 참석하고 있고, 어떤 놀라운 경험을 체험하면서도 깊고 영속적인 축복을 여전히 놓치는 경우가 있을 수 있습니다.

이 영속적인 축복이 오는 경우는 성령께서 우리의 깊은 곳까지 이르도록 오직 성령께 허락될 때 뿐이며, 이때 우리 삶의 근본이 변화받게 됩니다.

그리고 그 은혜와 경험이 계속 머물도록 하기 위해서는, 자기의 마음(mind)과 뜻(will)을 절대적으로 성령의 다스림 아래 두어야 합니다.

이것은 오늘날 매우 실제적으로 필요로 하는 가르침

입니다. 제가 말씀드리는 것은 단순히 어떤 감정적인 체험이 아닙니다. 내가 말하는 것은 당신의 마음을 잡고 그것을 변화시키는 체험에 대해서입니다. 당신이 마음(mind) 뿐만 아니라, 당신의 의지(will)도 하나님의 뜻에 진정으로 항복하게 될 때, 그것은 하나의 영적 경험이 됩니다.

중요한 것은 일시적인 것이 아니며, 깊고 사나운 파도가 밀려올 때도, 어두운 밤 하늘에 별이 하나도 없을 때도 언제나 당신과 함께 있는 것입니다.

여러 가지 문제와 어려움들과 시험이 찾아 옵니다. 그렇지만 당신은 안전합니다. 눈물이 당신의 눈 앞을 가리고, 충분히 이해할 수 없을 때에도 당신은 이렇게 말합니다. "그러나 내 원대로 마옵시고 당신의 뜻대로 되기를 원하나이다!"라고 말입니다.

우리의 마음의 진정한 토대는 의지입니다. 나는 지금까지 사역에서 많은 해를 보낸 후, 우리의 의지를 하나님의 영의 다스림 아래 두는 것이야말로 가장 중요하다는 사실을 줄곧 보아왔습니다. 당신은 자신이 성령으로 충만되고, 성령 세례받은 것을 자랑하고 있을지도 모르겠습니다만, 이것을 물어 보겠습니다.

"당신의 의지(뜻)는 오늘 성령님의 다스리심 아래 있습니까?"

만약 그렇지 않다면, 당신이 과거에 어떤 경험을 했던 적이 있다고 해도, 나는 당신에게 그다지 높은 점수를 드릴 수 없습니다. 그것은 일시적인 것에 지나지 않았기 때문입니다. 만일 하나님께 자신의 의지를 다스리시도록 양도해 드린다면, 하나님은 우리의 전 생애를 통치해 주십니다.

성령이 사람 위에 임하시고 하나님이 그 사람의 의지를 굴복시키고 그 사람의 생활에서 최고의 권력자(supreme power)가 될 때, 그 사람의 삶은 전생애를 통하여 이 경험에 의해서 영향을 받게 되는 것입니다. 그때부터, 그 사람은 이미 삶에서 최종 결정권을 가지지 않게 되고, 성령께서 그 삶을 통치하시는 분이 되는 것입니다.

하나님의 말씀은 그것을 십자가에 못박힘(crucifixion)이라고 합니다. 인간의 뜻(의지)은 옆으로 비켜나고, 하나님의 뜻(의지)에 그 자리를 내어 드리는 것입니다. 그때서야 비로소 그 사람은 이렇게 자각할 수 있게 됩니다.

"나는 나의 생명을 내놓았습니다. 왜냐하면, 나는 하나님의 뜻을 위해 나의 뜻을 버렸기 때문입니다."

⊙ 여러분을 위한 나의 기도

아버지 그리스도인의 삶을 산다는 것은 이 세상에서 가장 위대한 것이며 또한 가장 실제적인 것입니다.

그리고 그것은 유일한 삶이며, 만일 우리가 어떻게 살아야 하는지를 배울수만 있다면, 만일 우리가 당신의 법칙을 따라 살아갈 수만 있다면 만약 우리가 자신에게 정직해지고 그리고 당신께 정직해 질 수 있다면, 당신께서 한 사람 한 사람을 위해 행하시는 것에는 제한이 없습니다.

우리는 우리를 위한 당신의 계획을 따라 사는 것에 실패하고 패배할 때가 자주 있어 왔습니다. 패배감을 맛본 적이 없는 그리스도인은 한 사람도 없습니다. 당신의 계획대로 살아가려고 하는 사람들도 있습니다. 나는 자신의 불완전함 때문에, "작은 죄들"에게 내가 굴복했기 때문에, 한번 뿐만이 아니라, 자주 패배감을 맛보아 왔음을 나는 알고 있습니다.

작은 흰개미들이 커다란 빌딩을 허물어 뜨리고 그 흰개미들은 계속해서 먹어 치우고 결국에는 완전히 파괴시켜 버리는 것을 우리는 알고 있습니다.

그것과 마찬가지로 우리 마음을 좀먹고, 우리 인생을 향한 당신의 목적을 깨뜨리고, 지금과는 달라져 있었을지도 모르는 나 자신과 당신을 위해 행하였을지도 모를 것을 우리로부터 약탈하는 것은 그러한 "작은 죄들"입니다.

나는 살아계신 하나님의 아들 예수 그리스도의 이름으로 기도드립니다.

우리의 삶 가운데 있는 "죄"라고 하는 어떤 흰개미들도 멸하여 주시옵소서! 우리가 자기 자신을 직시하고 자기의 죄와 실수를 인정하고 고백할 때 우리를 그러한 모든 것들로부터 정결케 하여 주시옵소서! 오 주님 우리의 마음을 살펴 주시옵소서. 그러한 흰개미들을 멸하여 주시옵소서! 우리가 자기 자신을 바라보는 것으로부터 나와, 당신께로 우리들을 향할 수 있도록 도와 주시옵소서! 우리에게 비전을 주시고, 우리를 우리 자신으로부터 벗어나게 해 주시옵소서!

아버지! 당신의 사랑과 지금까지 우리에게 없었던 정

직함으로 신선한 세례를 주시길 기도하나이다. 그리고 무엇보다도 우리를 성령께서 사용하실 수 있는 곳에 있게 하여 주시옵소서.

오늘부터는 내 인생에서 가장 유익한 날들이 되게 해 주시옵소서! 왜냐하면 때가 급하기 때문입니다.

우리의 책임은 큽니다. 우리 중 누구 한 사람도 당신을 실망시켜 드리지 않도록 그리고 무엇보다도 이 세상이 우리 안에 거하시는 그리스도를 보고, 예수님만을 보게 되도록… 아멘.

⊙ 성령님에 관한 질문들

성령님께 대한 질문이나, 삼위 일체의 세 번째 위격이신 분의 사역에 대한 질문을 받지 않는 날은 거의 없습니다. 그러므로 여러분의 마음에 떠올랐을지도 모른다고 생각되는 질문에 답해드리려 합니다.

1. 교회가 휴거될 때, 하나님은 이 세상으로부터 성령을 거두어 가시는 것입니까?

이 질문에 대답해 드림에 있어, 우선 설명해야 두어야 할 부분이 있습니다. 우리가 교회의 휴거에 대하여 말할 때 그것은 성령께서 이 지상에서 떠나 가실 때를 가리킵니다. 성령이야말로 참으로 휴거의 능력으로, 위대한 끌어 올리는 능력입니다. 살아 있어서 이 교회의 휴거에 참여하게 될 사람들은 성령과 함께 올라갑니다.

예수님께서 이 낡은 세계에서 떠나가셨을 때, 그분은 감람산 위에 서서, 혼자서 떠나가셨습니다. 그분 곁에 있던 사람들, 그분이 떠나 가시는 것이 보일 정도로 가까이 있었던 사람들은 예수님과 함께 떠나 가지는 않았습니다.

그들은 거기에 서서 예수님이 떠나가시는 것을 바라보고 있었습니다. 그분이 떠나가실 때, 그분은 혼자서 가셨습니다. 그러나 예수님이 이 지상을 떠나 아버지 곁에 돌아가셨던 것과 동일하게, 그것과 완전히 동일하게 성령께서 떠나가실 날도 분명히 오려 하고 있습니다.

그렇지만 성령께서 떠나가실 때, 그분은 혼자서 가시는 것이 아닙니다. 그분은 그리스도의 신부인 교회를 취하여 가십니다. 만일 당신이 그리스도의 몸 안으로 태어나 있고, 거듭난 경험을 했으며, 그리스도 안에서 승리로운 그리스도인의 삶을 살아가고 있다면, 만일 당신이 이 영광스럽고 승리로운 몸의 일부라면 당신은 그리스도의 신부의 일부입니다. 그러므로, 이 지상에서 성령의 사역이 끝나고, 그분이 떠나가시는 그 순간, 성령은 당신과 모든 거듭난 신자들을 함께 데리고 가시는 것입니다. 실제로 그것이야말로 교회의 휴거입니다.

2. 주 예수 그리스도에 대한 지식이 있는 사람은 성령이 지상에서 거두어진 휴거 후에 구원 받는 일이 있

을까요?

예수님은 떠나가시기 전에 성령이 지상에 계시는 동안에 성령의 위대한 역사가 성취될 것을 분명히 말씀하셨습니다.

"그가 와서 죄에 대하여, 의에 대하여, 심판에 대하여 세상을 책망하시리라 죄에 대하여라 함은 그들이 나를 믿지 아니함이요 의에 대하여라 함은 내가 아버지께로 가니 너희가 다시 나를 보지 못함이요 심판에 대하여라 함은 이 세상 임금이 심판을 받았음이라"(요 16:8-11)

바꾸어 말하면 성령께서는 죄를 깨닫게 하는 강력한 능력입니다. 만일 당신이 지금까지, 어떤 죄를 깨달은 적이 있다면, 그것은 성령께서 당신으로 하여금 죄를 깨닫게 해주신 것입니다.

죄를 깨닫게 하는 그 능력을 당신은 기억하고 있습니까? 당신은 실제로 일어나고 있는 것을 깨닫지 못했을지도 모르지만, 당신은 밤새도록 뒤척이며 잠을 이룰 수가 없었던 것입니다. 그것은 당신의 마음에 말씀하시는 성령이셨습니다.

자신은 죄인이며, 거듭나야 할 필요가 있다고 당신이 처음 깨달았던 적을 기억합니까? 그것을 당신에게 계시해 주신 분은 죄를 깨닫게 해 주시는 성령님의 권능이었습니다. 그렇지만 성령이 지상에서 거두어지면 인간은 더이상 죄를 깨닫게 하는 성령의 능력을 알 수 없게 됩니다.

3. 성령께서 떠나가신 후, 지상에서 대환란 7년 동안 구원받는 사람이 있습니까?

분명히 있습니다. 이것이 바로 나의 답입니다. 이미 말씀드렸듯이, 지상에 있는 사람들에게 죄를 깨닫게 하기 위해 죄를 인식하도록 하는 성령의 권능은 이미 없습니다. 그렇지만 그들이 하나님의 말씀에 대한 지식을 통하여 구원받는 것은 가능합니다.

나는 하나님의 말씀을 30분 짜리 카세트 테잎에 많이 녹음해 왔습니다. 가능한 한 많은 하나님의 말씀을 그런 테이프에 녹음하려고 힘써 왔습니다. 여러분은 나의 대답이 왜 그다지도 단순한가 하고 생각할지도 모르겠습니다. 그것은 교회의 휴거 후에도, 내가 떠나가고, 하나님의 자녀들이 모두 지상에서 끌려 올라간 후에도, 하나님의 말씀은 여전히 나갈 것이며, 전에 나의 설교를 들은 적이 없는 많은 사람들과 하나님의 말씀에는 전혀 관심이 없던 많은 사람들이 그때 귀를 기울이도록 하기 위해서입니다. 그들은 기꺼이 귀를 기울이게 될 것입니다.

✝

내가 지금 말하는 이러한 것들은 그들이 이해할 수 있게 되는 날이 오려 하고 있습니다. 죄를 깨닫게 하는 성령의 능력은 아무것도 없는 채로,

그들은 말씀을 듣고, 그 말씀을 받아들일 것입니다. 그리고 그들이 말씀을 받아들이고 예수 그리스도를 받아들이는 것은 여러 가지 사실들에 근거해서이고, 어떤 죄를 깨닫는 것(conviction) 때문도 아닙니다. 이 환란의 기간 중, 수많은 사람들이 그런 식으로 구원 받게 될 것입니다.

4. 구약의 선지자들은 성령으로 충만되어 있었습니까? 다른 말로 표현해서, 그 선지자들은 오순절날 이전에 성령세례를 받았습니까?

여러분은 전에 제가 이 질문을 다룬 적이 있음을 기억하고 계실지 모르겠습니다만, 다시 한 번 간략하게 이 주제를 다루어 보겠습니다.

아마, 여러분은 제가 이렇게 말했던 것을 기억하게 될 것입니다. 구약의 성도들이 성령으로 충만해졌을 때, 그것은 하나님의 주권적인 행위였습니다. 성령은 구약의 모든 성도들에 대한 선물이라는 의미는 아니었습니다.

오늘날 성령으로 충만케 되는 것은 예수님이 자신의 교회에 남겨주신 은사입니다. 모든 거듭난 신자들이 성

령으로 충만케 되는 것이 예수님과 천부의 완전하신 뜻이며, 살아계신 하나님의 아들의 완전하신 계획 안에 있는 것입니다.

그것은 하나님의 뜻이며, 그것은 하나님의 은사입니다. 하나님께서 교회에 주실 수 있었던 가장 위대한 은사입니다.

여러분도 아시다시피, 구약의 선지자들 중 어떤 사람들이 성령으로 충만해 졌을 때, 그것은 하나님에 의해 그들에게 주어졌던 특권이었습니다. 오늘날 이 교회시대에 하나님의 교회에 속한 누구든지 성령으로 충만케 되는 것은 선물이며 하나님 계획의 일부입니다.

5. 예수님의 치유의 역사는 하나님께로부터 직접 오는 것입니까? 아니면 예수님이 성령님을 통하여 치유 역사를 행하셨습니까?

분명히 해두고 싶은 것이 있습니다. 하나님은 언제든지 "큰 주인(Big Boss)"이시며, 하늘에서도 땅에서도 모든 권세를 가지고 계십니다. 그분은 전능하신 하나님이시며 만물이 그분으로부터 옵니다. 그분은 위대한 제공자(Giver)이시며, 불가능이 없으신 전능자입니다. 예수님이 이 지상에서 걸으셨을 때, 자기의 능력으로 병든 몸을 치유하신 것은 아니었습니다. 예수님을 통하여 치유의 역사를 행하신 분은 성령님이셨습니다.

성령께서 한 가지 진리를 제 마음에 계시해 주셨던 날을 나는 결코 잊지 못할 것입니다. 왜냐하면 그 진리는 모든 것에 또 하나의 빛을 비춰 주었기 때문입니다.

그 계시에 대한 성경적 토대는 사도행전 10장 38절에 있습니다. 제가 이렇게 말씀 드리는 이유는 하나님의 말씀으로 뒷받침 될 수 없는 것이라면, 나는 어떤 것도 거론하지 않고 싶기 때문입니다.

"하나님이 나사렛 예수에게 성령과 능력을 기름 붓듯 하셨으매 그가 두루 다니시며 선한 일을 행하시고 마귀에게 눌린 모든 사람을 고치셨으니"

여기에 삼위 일체 하나님의 세 위격이 모두 나타납니다. 예수님에게 기름부으신 분은 하나님이지만, 여러 가지 기적을 행하고 치유를 행하신 분은 성령님이셨습니다.

자, 다시 예수님이 세례 받고 물에서 올라오셨을 때로 되돌아가 봅시다. 기억하십시오. 예수님은 전혀 하나님이 아닌 인간이셨습니다. 그분은 육신으로 오셨습니다. 참으로 그분은 육신으로 오신 하나님입니다. 그렇지만 삼위 일체 하나님의 세 위격 모두가 예수님이 세례 받으실 때, 임재하시고 하나님은 들리는 음성으로 이렇게 말쓴하셨습니다.

"이는 내 사랑하는 아들이요 내 기뻐하는 자라"

그 음성과 같은 순간에 성령께서 비둘기 형상으로 예수님 위에 임하시고 그분에게 섬김를 위한 권능을 갖추어 주셨습니다. 오늘날 치유하시는 분은 성령님이시고, 성령님의 권능에 의해서입니다. 그때와 동일하신 인격입니다. 성령은 성자 예수 그리스도를 통하여 여러 가지 기적을 행하시고 치유를 행하셨던 것과 동일한 방법으로 사용하고 계십니다. 하나님은 예수님께 성령으로 기름 부으셨습니다.

오늘날도 여전히 치유를 행하시는 분은 성령님입니다. 하나님은 하늘 보좌에 앉아 계시고, "큰 주인"이시며, 모든 좋은 것을 주시는 분입니다.

또, 그분의 우편에는 우리의 위대한 대제사장이시며, 우리의 변호자(Advocate)이신, 언제나 살아계셔서 여러분과 저를 위해 중보하시는 분이신 하나님의 아들 예수 그리스도께서 앉아 계십니다.

그렇지만, 당신의 집에서도, 당신의 삶에서도 혹은 성령께서 초청받으시는 어디에서든, 예수님이 이 지상에 걸으셨던 때와 동일하게 지금도 동일한 방법이 사용되고 있습니다. 치유를 행하시는 분은 성령님입니다.

6. 성령의 다양한 은사들은 초대교회와 함께 끝났습니까? 오늘날도 성령의 은사를 받는 것은 가능합니까?

이 앞의 질문에 대한 나의 대답은 "아니오"입니다. 나중 질문에 대한 나의 대답은 "예"입니다.

초대교회 사람들을 통해서 나타났던 어떤 은사도 오늘날의 그리스도인을 위한 것입니다.

고린도전서 12장에서 은사는 여러 가지이며, 성령의 역사도 여러 가지 있음을 알 수 있습니다. 또 어떤 은사를 누군가에게 주는 것은 하나님께서 성령을 통하여 하시는 것이므로 사람들이 원하는대로 주어지는 것은 아니고, 하나님의 뜻에 따라 주시는 것입니다.

만일 누군가가 진정으로 성령의 은사를 한 가지 또는 그 이상 받았다면, 한 가지 혹은 복수(複數)의 은사를 받은 그 사람은, 그것으로 자랑하는 일은 결코 없을 것입니다. 그는 그것을 선전하는 것도 하지 않을 것입니다.

그것은 왜 그렇습니까? 라고 여러분이 묻는다면 그것은 간단합니다. 육의 몸을 통하여 성령의 능력이 나타나는 사람은 은사를 받은 그 사람이 아니고 성령이시며, 그 사람은 그 사실을 인식하고 있기 때문입니다.

여러분과 제가 할 수 있는 것은 몸을 제공해 드리는

것, 그릇을 양도해 드리는 것 뿐이기 때문입니다.

우리는 어떤 지혜도, 어떤 지식도, 어떤 진정한 능력도 제공하지 않습니다. 왜냐하면 그것들은 모두 자연적인 것이기 때문입니다. 우리가 하나님께 드리는 것은 양도해드린 그릇 뿐이며, 그분은 흙으로 된 전을 자신의 성전으로 사용해 주시는 것입니다.

그러므로 주님께 쓰임받기 위해 자신을 굴복하여 주님께 완전히 헌신한 사람은 하나님이 자기에게 특별한 은사를 주셨다는 사실을 인식할 것입니다. 그렇지만 그는 그것을 자만하지는 않을 것입니다. 왜냐하면, 그리스도인의 은혜 가운데 가장 위대한 은혜 중 하나는 겸손이기 때문입니다. 그 사람에게는 영적인 교만이 전혀 없을 것입니다.

"주 예수 그리스도의 은혜와 하나님의 사랑과 성령의 교통하심이 너희 무리와 함께 있을지어다"(고후 13:13)

⊙ 기적을 필요로 하는 분들을 위해서

나는 진심으로 기적을 믿습니다. 왜냐하면 나는 하나님을 믿기 때문입니다.

기억해 주십시오. 캐트린 쿨만은 병든 몸을 치유하는 것과는 어떤 관계도 없습니다. 내게는 치유의 능력이 전혀 없습니다. 치유를 행하시는 능력은 하나님의 능력입니다.

내가 하는 유일한 역할은 사람들의 마음에 예수님을 실제적인 분이심을 깨닫게 해주는 것입니다. 예수님은 지금 아버지, 하나님의 우편에 앉아 계시며 우리를 위한 대제사장의 직임에 계십니다. 예수님은 떠나 가시기 전 성령을 보내신다고 말씀하셨습니다! 그리고 성령께서 오셨습니다.

오늘날 이 세상에 계시는 분은 성령님이십니다. 그분은 삼위 일체 하나님의 능력입니다.

우주에는 성령의 권능보다 위대한 권능은 아무것도 없습니다. 나는 성령의 권능이 역사하시는 것을 볼 때, 그것은 나로 하여금 경외감을 자아내게 합니다.

여러분은 자신의 상태는 희망이 없다고 생각하지 말아주십시오. 당신의 고통을 하나님의 크심과 나란히 두고 바라보십시오. 희망이 없는 사람은 아무도 없습니다.

하나님이 그분의 보좌에 여전히 좌정해 계시는 한, 어느 누구도 일회전에 패배할 필요는 없습니다.

그것은 그분의 사랑이며, 그분의 위대한 긍휼이며, 또한 그분의 능력입니다.

지금 이 순간, 다른 것들은 모두 잊어 버리십시오.

당신의 눈을 자기 자신으로부터 그리고 자기의 환경으로부터 떼십시오. 그리고 그분을 바라보십시오. 그분은 여전히 전능하신 하나님입니다. 당신은 그 사실을 진심으로 믿습니까? 당신은 그분의 말씀을 믿습니까?

아브라함이 가졌던 것은 그것뿐이었지만 그것으로 충분했습니다. 모세가 가지고 있던 것은 하나님 말씀 뿐이었지만, 그것으로 충분했습니다.

당신에게는 하나님의 말씀이 있습니다. 당신에게는 예레미야 33장 3절의 하나님의 약속이 있습니다.

"너는 내게 부르짖으라 내가 네게 응답하겠고 네가 알지 못하는 크고 은밀한 일을 네게 보이라"

✞

당신은 부르짖었던 적이 있습니까? 당신은 구했던 적이 있습니까?

지금 그것을 하십시오.

나는 이것을 당신께 약속드리겠습니다.

하나님은 당신의 심령의 외침을 들으십니다. 하나님은 당신을 사랑하시며, 하나님이야말로 당신의 필요에 대한 해답입니다.

"하나님 아버지, 지금 저의 외침을 들어 주시옵소서.
 그리고 성령의 놀라우신 권능이 그 몸을 통하여 흘러가게 해주시길 기도드립니다. 그 사람의 마음의 소원을 이루어 주시길 구하옵니다. 우리는 당신을 영원히 찬양할 것을 약속드리나이다." 아멘

⊙ 독자들에게 드리는 말씀

미주리 주 콘코디아의 조그마한 감리교회에서 캐트린 쿨만이 회심하고, 그리고 사역으로 부르심을 받았던 그녀의 초기 무렵을 회상해 볼 때, 그녀가 했던 말이 생각납니다.

"나는 열 네살 때 회심했습니다. 설교하라는 하나님의 부르심은 나의 회심과 마찬가지로 분명한 것이었습니다. 당시 나는 아직 젊었으며, 미숙한 사람이었습니다. 내가 알고 있었던 것은 예수님이 나의 죄를 용서해 주셨다는 것 뿐이었습니다.

나는 아이다호 주에서 설교를 시작했습니다. 그 주 안에 있는 여러분이 알고 있는 어떤 작은 마을에서도 나는 전도를 했습니다. 나는 설교자를 맞아드릴 만큼의 여유도 없는 자그마한 교회를 발견하고, 거기서 집회를 열도록 허락을 받았습니다.

내가 맨 처음으로 했던 설교는 나무에 오른 삭개오 이야기였습니다. 하나님은 아시지만, 누군가가 실제로 나무에 올라갔던 사람이 있었다면 그것은 바로 나였습니다. 약 6번 정도 설교를 한 후, 나는 성경을 설교할만한 소재가 바닥이 나버렸음을 솔직히 느꼈습니다!"

그렇지만 성경에서 결코 설교꺼리가 다 떨어질 수 없는 것이었습니다. 그 후 이 땅에서 사역을 통하여 캐트린 쿨만은 헤아릴 수 없을 만큼 많은 설교를 했습니다.

그녀는 하나님의 말씀을 사랑하고, 하나님의 말씀에 깊이 젖어들었습니다. 그리고 그녀는 자신의 교사로서, 또 말씀의 깊은 진리를 그녀의 마음에 계시해 주시는 분으로서 성령께 의지했던 사람이었습니다.

그녀의 다양한 메시지와 마음에서 마음으로 통하는 이야기들 ("오래된 좋은 미주리 주 옥수수 빵"이라고 종종 말했음) 중 많은 내용은 책으로 모아져 발행되고 있습니다.

기억해 주십시오. 하나님의 권능은 제한이 없습니다. 하나님이 다른 사람을 위해 행하신 것을, 그분은 여러분을 위해서도 행하여 주실 것입니다!

세상에서 가장 위대하신
성령의 권능

인쇄일	2002년 3월 20일
7쇄	2025년 11월 7일
지은이	캐트린 쿨만
옮긴이	김병수
펴낸이	장사경
해외마케팅 국장	장미야
마케팅	이현빈
편집디자인	송지혜

펴낸곳   Grace Publisher(은혜출판사)

주소 서울특별시 종로구 종로 65길 12-10
전화 (02) 744-4029 **팩스** 744-6578
출판등록 제 1-618호(1988. 1. 7)

ⓒ 2002 Grace Publisher, Printed in Korea
ISBN 89-7917-436-5   04230
ISBN 89-7917-435-7   04230 (세트)

이 출판물은 저작권법에 의해 보호를 받는 저작물이므로 무단 전재와 무단 복제를 할 수 없습니다.